编委会

主　编：吴晓梅

副主编：卢文丽　匡永红　苏文俊

编　者：

吴　媛　陈智宇　杨仁双　金枝鑫　刘　欢
王诗雨　曹娜娜　马彩兰　陈志成　李超梅
梁美芷　廖灵芝　李　秋　孙　越　邢　宜
颜睿婕　周　玲　赵炳宇　张清林　杨济玮
连燕芳　罗　琳　赵轩羽

探学名家故事

吴晓梅 主编

SPM 南方传媒 花城出版社

中国·广州

图书在版编目（CIP）数据

探学名家故事 / 吴晓梅主编． -- 广州 ： 花城出版社, 2025.4. -- ISBN 978-7-5749-0189-6

Ⅰ．K82

中国国家版本馆CIP数据核字第2024WT5525号

出 版 人：张 懿
责任编辑：陈诗泳
责任校对：汤 迪
技术编辑：凌春梅
装帧设计：姚 敏

书　　名	探学名家故事 TANXUE MINGJIA GUSHI	
出版发行	花城出版社 （广州市环市东路水荫路 11 号）	
经　　销	全国新华书店	
印　　刷	深圳市福圣印刷有限公司 （深圳市龙华区龙华街道龙苑大道联华工业区）	
开　　本	787 毫米×1092 毫米　16 开	
印　　张	16.5	
字　　数	245,000 字	
版　　次	2025 年 4 月第 1 版　2025 年 4 月第 1 次印刷	
定　　价	50.00 元	

如发现印装质量问题，请直接与印刷厂联系调换。
购书热线： 020 - 37604658　37602954
花城出版社网站： http://www.fcph.com.cn

序 言

亲爱的小朋友们:

你们好!

我向你们隆重推介《探学名家故事》这本书!

这是一本独具价值的学习宝典,创新是《探学名家故事》的灵魂。本书独具一格的结构编排和富有时代气息的内容,引领你们开启未来教育的学习方式,通过有滋有味的项目式、跨学科学习,获得关键品格和必备能力,成长为有理想、有本领、有担当的新时代好少年。

价值一:学精神,明理想

理想让人行稳致远。读《探学名家故事》,中国从古到今的 60 位榜样人物向大家走来,分为思想家、政治家、科学家、文学家、艺术家、发明家 6 个系列,每个系列 10 位名家,有理想破灭、宁死不离故国的屈原,有鞠躬尽瘁、死而后已的诸葛亮,有历经磨难、矢志不渝的司马迁,有屡遭贬谪却感慨"也无风雨也无晴"的苏轼,有放弃国外优厚待遇毅然回国的钱学森……他们的成长故事和伟大成就,为你们指引前行的方向,激励大家坚韧不拔地奋斗,感悟生命的意义。读他们的故事,可以触摸民族的脊梁;读他们的故事,可以鼓舞你们树立青云之志;读他们的故事,你们学会面对挫折、塑造坚韧品格。探学名家故事,构筑人生梦想的大厦!

价值二：乐思考，会学习

　　"读、讲、探、学"是《探学名家故事》的独特结构！书中每一位名家的学习都设计了四大版块："读名家故事""讲名家故事""探名家足迹""学名家智慧"，每位名家的学习都形成了一个微型的课程。"读"中感悟名家的成长历程，"讲"中体会名家的伟大精神，"探"中寻觅名家的创造足迹，"学"中展现个人的创新智慧。每个版块的学习都是一次任务鲜明的项目化学习具身行动。穿插文中的"泡泡语"，激励你们积极探究，同时提供了学习支架，引领学习方法，拓展与人物相关的知识。每组人物系列后面的"小小评价员"，既引导学习方法，又能检测学习态度和学习效果，全面的评价内容、有趣的评价方式激发快乐的学习之旅。"边学边评、学评一致"，探究与实践似一串神奇的项链，将富有创造力的学习过程串联起来，让你们的学习之旅惊喜不断，收获满满。探学名家故事，体会学习本来的味道！

价值三：重实践，增能力

　　怎样在探索中全面向名家学习，传承精神和智慧，《探学名家故事》给出了独特的答案。本书在"读、讲、探、学"的过程中，独具匠心地设计了"小小思想家""小小演说家""小小探索家""小小朗读者"和"小小推广人"等"五小"实践活动，清晰地指引你们学什么、怎么学，体验主动学、会学习的乐趣。一个故事引发一串故事，一项成就引发更多的人物成就。以优秀引领优秀，以杰出引领杰出，以成就引领成就。在深入、多样的学习实践探究中，你们能真正走进每一位名家的伟大思想和不平凡的人生，内化对名家的认知，领悟人生的真理，自觉地在心中完成人生榜样和偶像的形象建构。探学名家故事，寻找成长之道！

价值四：善创意，展个性

　　学习是为了运用，学习是为了创造。《探学名家故事》与其他书籍不同的地方还在于鲜明的创造性，不仅是读名家故事、讲名家故事，不仅是欣赏名家创造，更重要的是动手动脑实践，以自己的创意个性践行名家精神，与名家对话。你们可以临摹一幅不朽的书法绘画作品，可以积累记诵他们的名言，可以模仿建筑名家的设计搭建一座建筑模型……搜索资料、查阅考证、合作探究、实验记录、思考辨析、作品展示等，多样的学习方式提升你们自主学习、解决问题的能力，创造出你们专属的不平凡的学习历程，记录下自己的有声有色的学习故事。探学名家故事，创造个性的演练场！

最后，我想说："《探学名家故事》是一座多彩的桥！"

——链接家庭教育。在这个倡导减负增效的时代，《探学名家故事》链接每个家庭，让家长知道孩子怎样从小树立远大志向和人生榜样，在家可以学习什么，怎样开展探究学习，让家长的陪伴有价值。

——链接课堂内外。《探学名家故事》将课堂内外链接起来，运用学科课堂知识和方法进行项目式、综合性、实践性的探究学习，学以致用。语文、道法、音乐、美术、科学、数学、劳动等学科深度融合，打破知识壁垒，实现多学科、超学科、跨学科的学习。

——链接家校区社。《探学名家故事》里大多是社会化的学习活动，需要在家庭、社区中完成，需要走进博物馆、图书馆、档案馆，需要运用网络资源搜索、查询，需要和家人、社会人士访谈，这样的学习帮助你们尽早、更快地融入社会与生活，赋予学习更鲜活的生命力。

愿《探学名家故事》像一颗生机盎然的种子，成就你们绽放光彩的人生！

你们的朋友：吴晓梅

2024 年 8 月

一 思想光照世界

道家学派创始人老子 /003
"至圣先师"孔子 /007
墨家学派创始人墨子 /011
"亚圣"孟子 /015
淡泊名利的庄子 /019
"独尊儒术"董仲舒 /023
理学集大成者朱熹 /027
知行合一的王阳明 /031
清学开山始祖顾炎武 /035
"百日维新"梁启超 /039

二 提升民众福祉

"中华第一相"管仲 /046
先秦法家代表人物商鞅 /050
"千古一帝"秦始皇 /054
汉代开国皇帝刘邦 /058
雄才大略汉武帝 /062
"千古名相"诸葛亮 /066
"天可汗"唐太宗 /070
"11世纪的改革家"王安石 /074
"一代天骄"成吉思汗 /078
开创"万历新政"的张居正 /082

三 勇攀科学高峰

数星星的孩子张衡 /088
杰出数学家祖冲之 /092
"药圣"李时珍 /096
地质学家李四光 /100
气象学家竺可桢 /104
"中国桥梁之父"茅以升 /108
"火箭之王"钱学森 /112
中国"克隆之父"童第周 /116
"两弹元勋"邓稼先 /120
"杂交水稻之父"袁隆平 /124

目录

 四 屹立文学之巅

"楚辞之祖"屈原 /130
"历史之父"司马迁 /134
"隐逸诗人"陶渊明 /138
"诗仙"李白 /142
"文章巨公"韩愈 /146
"全才艺术巨匠"苏轼 /150
"千古第一才女"李清照 /154
用生命写作的曹雪芹 /158
"文学先声"鲁迅 /162
"人民艺术家"老舍 /166

 五 遨游艺术海洋

"书圣"王羲之 /172
"东晋画祖"顾恺之 /176
国画大师齐白石 /180
戏曲大师梅兰芳 /184
"丹青巨擘"徐悲鸿 /188

"中国漫画之父"丰子恺 /192
民族音乐的先行者贺绿汀 /196
"人民音乐家"聂耳 /200
"西部歌王"王洛宾 /204
"现代主义建筑最后的大师"贝聿铭 /208

六 立业兴家为国

中国建筑鼻祖鲁班 /214
巧夺天工的水利专家李冰 /218
"蔡侯纸"发明者蔡伦 /222
"外科圣手"华佗 /226
活字印刷术的发明者毕昇 /230
"衣被天下"黄道婆 /234
"制碱大王"侯德榜 /238
"人民科学家"吴文俊 /242
"中国核潜艇之父"黄旭华 /246
"汉字激光照排系统之父"王选 /250

思想光照世界

道家学派创始人老子

> 有这样一个人，连博学多知的孔子都对他崇拜有加，将其形容为能上天入海的龙。

一 读名家故事

名家档案

姓　　名：李耳，字聃
生活年代：春秋末期（约公元前571—公元前471）
籍　　贯：陈国苦县（今河南鹿邑）
身　　份：思想家、哲学家、史学家，道家学派创始人
主要经历：公元前551年，老子入周王室任守藏室史，以博学闻名。公元前516年，被罢免守藏室史一职。约公元前485年，因周王朝日益衰败，老子遂骑青牛西行，打算出关四处云游。到了灵宝函谷关，把守函谷关的长官尹喜很敬佩老子，受尹喜之请，老子创作了一篇5000多字的文章。据说，这篇著作就是后来流传于世的《道德经》。此后，老子归隐修炼于景室山。老子被道教尊为始祖，是"太上老君"的原型，被列为世界文化名人。后世将老子和庄子并称为"老庄"。

精彩故事

没用的石头和有用的砖头

传说老子骑青牛过函谷关时，一位年逾百岁、鹤发童颜的老翁到函谷府衙找他。

老子在府衙前遇见老翁。老翁对老子施了个礼，说："听说先生博学多才，老朽愿向您讨教。我今年已经106岁了。说实在话，我从年少到现在，一直是游手好闲轻松度日。与我同龄的人都纷纷作古，他们开垦百亩沃田却没有一席之地，修了万里城池而未享辚辚华盖，建了四舍屋宇却落身于荒野郊外的孤坟。而我呢，一生不稼不穑，却吃着五谷；没置过片砖只瓦，却居住在避风挡雨的房舍中。先生，我现在是不是可以嘲笑他们忙忙碌碌劳作一生，却只给自己换来一个早逝的结局呢？"

老子听了微微一笑，吩咐府尹："请找一块砖头和一块石头来。"老子将砖头和石头放在老翁面前，说："如果只能择其一，仙翁您是要砖头还是愿取石头？"老翁毫不犹豫地拿起砖头，说："当然择取砖头。"老子笑着问老翁："为什么呢？"老翁指着石头说："这石头没棱没角，取它何用？而砖头却用得着。"老子又问围观的众人："大家要石头还是要砖头？"众人纷纷表示要砖头而不取石头。老子回过头来问老翁："是石头寿命长呢，还是砖头寿命长？"老翁说："当然是石头了。"

老子笑了笑，说："石头寿命长，人们不选择它；砖头寿命短，人们却用它，不过是有用和没用罢了。天地万物莫不如此。寿虽短，于人于天有益，天人皆择之，皆念之，短亦不短；寿虽长，于人于天无用，天人皆摒弃，倏忽忘之，长亦是短啊。"

老翁顿时惭愧不已。

小小思想家

想一想，老子为什么让老翁在砖头和石头之间做选择？你怎么看老子的观点呢？

二 讲名家故事

相传孔子曾三次拜访老子求礼问道。

小小演说家

孔子说:"吾所见老子也,其犹龙乎?学识渊深而莫测,志趣高邈而难知;如蛇之随时屈伸,如龙之应时变化。老聃,真吾师也!"

博学多才、让人崇拜有加的老子,还有哪些有趣的故事呢?查找资料,读一读老子的其他故事,选择一个你最喜欢的故事讲给其他同学听。

三 探名家足迹

主要成就 —— 《道德经》
- 又称《老子》《道德真经》,共81章,5000多字
- 开创了我国古代哲学的先河
- 被认为是对中国人影响最大的三部思想巨著之一(另外两部为《易经》《论语》)

小小探索家

作为道家学派创始人，老子的思想对后世产生了深远的影响。读一读老子的《道德经》，或了解老子的道家思想，将其核心内涵记录下来。

四 学名家智慧

江海所以能为百谷王者，以其善下之，故能为百谷王。

小小朗读者

上善若水。水善利万物而不争，处众人之所恶，故几于道。居善地，心善渊，与善仁，言善信，政善治，事善能，动善时。夫唯不争，故无尤。

——《道德经》第八章

小小推广人

《道德经》是我国首部哲学著作，是我国传统文化中举足轻重的经典著作，在全世界都有极广泛的影响力。《道德经》中让你感受最深的是哪些话语呢？摘录下来，熟读成诵，再说说你打算怎样实践。

"至圣先师"孔子

你认为一个成年人会拜一个7岁的小孩子为师吗？这件事居然发生在一位伟大的思想家身上。

 读名家故事

 名家档案

姓　　名：孔丘，字仲尼
生活年代：春秋末期（约公元前551—公元前479）
籍　　贯：鲁国陬邑（今山东曲阜）
身　　份：思想家、政治家、教育家，儒家学派创始人
主要经历：孔子在20岁左右担任鲁国权臣季氏的委吏、乘田。30岁左右，孔子开办私塾，教授学生。公元前510年，大臣专权，孔子不愿出仕为官，便潜心修书授课，弟子门人越来越多。公元前501年，出任鲁国中都宰，后升任鲁国司空、大司寇，行摄相事。公元前496年，孔子带领弟子周游列国，饱受磨难。公元前484年，孔子返回鲁国，整理"六经"，从事教育。以语录和对话文体的形式记录孔子及其弟子的言行的《论语》，自宋代以后，被列为"四书"之一。孔子被尊称为孔圣人、至圣、至圣先师等，其思想对中国乃至世界都有深远影响，被列为"世界十大文化名人"之首。

精彩故事

孔子拜师 7 岁项橐（tuó）

孔子勤思好学，不耻下问，是个善于学习的人。

有一次，孔子和学生正在赶路，一个小孩子拦住了他们的去路。原来，7岁的项橐和小伙伴们正在路上用砖瓦石块垒一座"城池"呢。他们埋头游戏，没有注意孔子乘坐的马车。

孔子的弟子叫孩子们让路，项橐说："这世上只有车绕城而过的，还没有把城池拆了给车让路的。"孔子心想，这个孩子聪明，我倒要考考他，便问："什么山上没有石头？什么水里没有鱼儿？什么牛不生犊儿？什么马不产驹儿？什么火没有烟？什么树没有枝儿？"

项橐想了想，回答说："土山上没有石头，井水里没有鱼儿，泥牛不生犊儿，木马不产驹儿，萤火没有烟，枯树没有枝儿。"

孔子非常惊讶，觉得这么小的孩子，竟如此会说话，实在是了不起，不由得赞叹道："你这么小的年纪，懂得的事理真不少呀！"

项橐接着问孔子："鹅、鸭为什么能浮在水面上？雁鹤为什么善于鸣叫？松柏为什么冬夏常青？"

孔子回答："鹅、鸭能浮在水面上，是因为它们的脚是方的；雁鹤善于鸣叫，是因为它们的脖子长；松柏冬夏常青，是因为树心坚实。"

项橐笑着说："不对！龟鳖能浮在水面上，难道是因为它们的脚方吗？青蛙善于鸣叫，难道是因为它们的脖子长吗？竹子冬夏常青，难道是因为竹心坚实吗？"

孔子觉得这孩子知识渊博，自己辩不过他，长叹一声，俯身对项橐说："后生可畏，我当拜你为师。"随后，孔子回头对弟子们讲："三人行，必有我师焉，要不耻下问。"

小小思想家

孔子这样一个伟大的思想家为什么要拜一个7岁的小朋友为师？从孔子的言行中，你领悟到了怎样的智慧与道理呢？

二 讲名家故事

9月28日是个特别的日子，这一天是孔子的生日。

小小演说家

法国伟大的思想家、文学家伏尔泰谈到孔子时，曾这样说："我全神贯注地读孔子的著作，我从中汲取了精华，孔子的书中全部是最纯洁的道德。这个地球上最幸福、最值得尊敬的时代，就是人们遵从孔子法规的时代，在道德上欧洲人应当成为中国人的徒弟。"

孔子为后世贡献了许多伟大的思想学说，被称为"万世师表，至圣先师"，他的很多言行都值得我们品味学习。查一查孔子的其他故事，选择一个最喜欢的故事与同学们分享。

三 探名家足迹

主要成就
- 道德学说：主张"仁、礼"之德行
- 政治思想：主张"为政以德"，提出建立大同社会
- 教育思想：
  - 提出"有教无类"，人人都可接受教育
  - 提出"因材施教"，主张教师根据不同学生的具体情况，采取不同的教育方法

小小探索家

作为我国著名的思想家、教育家，孔子的形象多次被后人重塑、再现，如国产励志动画片《孔子》、由周润发主演的电影《孔子》等。你可以选择一部电影，看完后与爸爸妈妈交流：影视作品中的孔子是一个怎样的人呢？

> 子曰："吾十有五而志于学，三十而立，四十而不惑，五十而知天命，六十而耳顺，七十而从心所欲，不逾矩。"

孔子长什么样？《史记》上有这样的记载："生而首上圩顶，故因名曰丘云。"意思是孔子的头顶中间低而四边高。在孔子生活的年代，没有照相机，想要了解他的样貌，只能通过搜索文献中的相关记载。那么，孔子在你心目中是什么样子的？结合收集的资料，借助丰富的想象，用画笔画出你心目中的孔子吧！

四 学名家智慧

> 《论语》以语录和对话的方式记录了孔子及其弟子的言行，集中体现了孔子的伟大思想。

小小朗读者

敏而好学，不耻下问。

学而时习之，不亦说乎？有朋自远方来，不亦乐乎？人不知而不愠，不亦君子乎？

知之者不如好之者，好之者不如乐之者。

三人行，必有我师焉。择其善者而从之，其不善者而改之。

——《论语》

小小推广人

现在人们通过哪些方式学习、纪念孔子？孔子的思想在国际上又是怎样传播的呢？请把你收集到的相关内容写下来。

墨家学派创始人墨子

> 他是中国古代历史上唯一的平民出身的哲学家。

  读名家故事

名家档案

姓　　名：墨翟

生活年代：春秋末期、战国初期（公元前476或480—公元前390或420）

籍　　贯：宋国（今河南商丘）

身　　份：思想家、教育家、科学家、军事家，墨家学派创始人

主要经历：墨子少年时代当过牧童，学过木工。后来，墨子周游列国，学习治国之道，曾阻止鲁阳文君攻打郑国，与鲁班一起说服楚王停止攻宋。他多次访问楚国，献书给楚惠王。越王邀请墨子做官，并许诺给他五百里的封地。墨子为了实现自己的政治抱负和思想主张，以"听我的劝告，按我讲的道理办事"作为前往条件，遭到越王拒绝。墨子曾学习孔子的儒学，但不太赞同儒家学说。他在各地讲学，积极宣传自己的主张，广收门徒，形成了声势浩大的墨家学派。到了墨子晚年，儒家墨家齐名于世。墨子弟子收集其语录，编成了《墨子》一书。

 **精彩故事**

快马寓人

墨子的学生耕柱子聪颖过人，但不知发奋努力，墨子总是责备他。

耕柱子说："先生，我真的没有什么比别人强的地方吗？"墨子说："我将要上太行山，乘坐快马和牛，你打算鞭策哪一个呢？"耕柱子自信地说："我要鞭策快马。"墨子追问："你为什么要鞭策快马呢？"耕柱子说："快马值得鞭策。因为它感觉灵敏，鞭打它可以使它跑得更快！"墨子的用意正是启发耕柱子，让他努力求学，奋发上进。见水到渠成，墨子就对耕柱子说："我也认为你是值得鞭策的，你应该像快马一样力求上进啊！"

此后，耕柱子发奋读书，再也不用老师整日督促了。

 小小思想家

读完《快马寓人》的故事，你知道墨子为什么用"快马"鞭策耕柱子吗？在生活中，你怎么看待老师或者家长对你的鞭策呢？

 讲名家故事

"节用"是墨子提出的思想主张，反对君主、贵族的奢侈浪费。

小小演说家

毛泽东主席评价墨子是"古代辩证唯物主义大家,是比孔子更高明的圣人"。墨子身上还有哪些传奇的故事?查阅相关资料,选择一个印象最深的故事讲给其他同学听。

三 探名家足迹

> 墨子主张"官无常贵",而"民无终贱"。他的"兼爱"思想包含平等与博爱的意思。

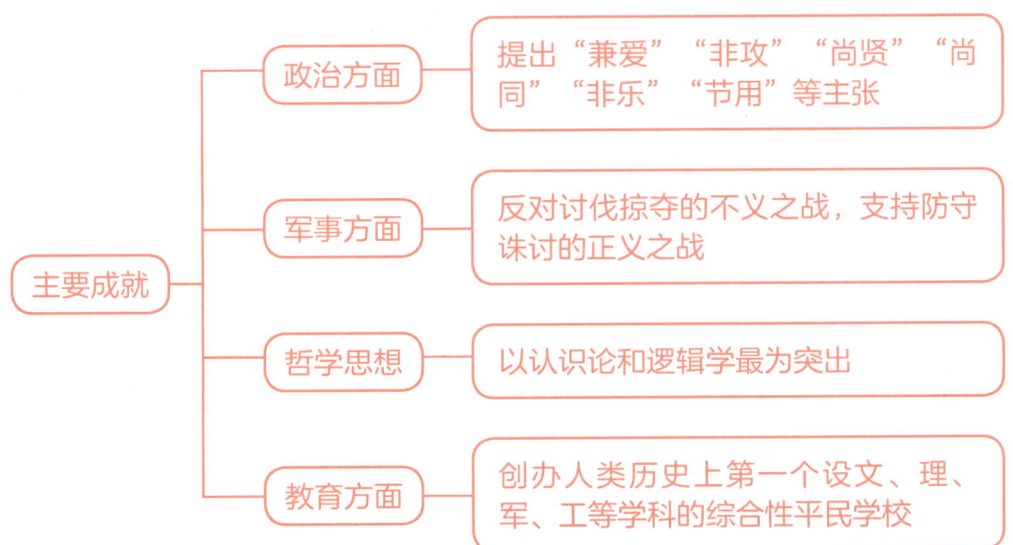

小小探索家

墨子精通手工技艺，谙熟当时各种兵器、机械和工程建筑技术，并有不少创造。到网上找一找墨子制造的器械，选择几个画下来，感受他的创造对后世军事领域产生的影响。

四 学名家智慧

> 墨子在数学、物理学等领域也有许多探索，提出了不少科学概念和观点。

小小朗读者

兴天下之利，除天下之害。
志不强者智不达，言不信者行不果。
民有三患，饥者不得食，寒者不得衣，劳者不得息。

——《墨子》

小小推广人

墨子曾花三年时间研制了中国历史上第一只风筝"木鹞"，经过许多年的变迁，如今，风筝已成为人们生活中一种饶有趣味的娱乐用品。在民间，人们有放风筝的风俗，借风筝寄托自己美好的理想与愿望。你想制作一只什么样的风筝呢？尝试画一画、做一做。

"亚圣"孟子

你会用打比方的方法来劝导别人吗?有一位思想家多次运用打比方的方式改变了当时统治者的想法。

 读名家故事

名家档案

姓　　名：孟轲,字子舆
生活年代：战国时期(约公元前372—公元前289)
籍　　贯：邹国(今山东邹城)
身　　份：哲学家、思想家、教育家,儒家学派代表人物
主要经历：孟子3岁时,父亲去世,孟母承担起家庭的重任。公元前343年,孟子勤学孔子之道,接收学生,传授儒学。45岁左右,孟子率领弟子周游列国,宣传"仁政"思想。晚年,孟子回到故乡,整理《诗经》《书经》,阐述孔子的思想学说,写成《孟子》一书。公元前289年,孟子逝世。与孔子并称"孔孟",元朝时追封为"亚圣"。

 精彩故事

打比方的神奇魅力

小时候，孟子很爱学习，但是时间一长就厌烦了。孟母非常生气，拿起刀来，把织布机上的线一把割断，说道："你学习上的半途而废，就像我割断织布机上的线，这布是一丝一线织起来的，现在割断了线，布就没有办法织成。君子求学是为了成就功名，博学多问才能增长智慧。你经常逃学怎么能成为有用之才呢？你今天懒惰不刻苦读书，今后就做不到远离祸患。将来不做强盗，也会沦为受人驱使的奴隶！"

孟母用"断织"比喻"辍学"，教育孟子做事要有恒心，一旦认准目标，就不为外界所干扰。如果半途而废，将前功尽弃，一事无成。孟子从此勤奋学习，并立志成为像孔子一样伟大的思想家。

战国时代，百家争鸣，很多厉害的思想家到各国游说，希望统治者用自己的思想治国理政。这些游说之士，不但有高深的学问，还特别擅长用生动的比喻来劝说统治者。孟子就是这样一个善于辩论的人。

孟子对齐王的昏庸、做事不能坚持、轻信小人谗言很不满，便不客气地对他说："大王也太不明智了，天下虽有生命力很强的生物，可是您刚把它在阳光下晒了一天，随后就放在阴寒的地方冻10天，它哪里还能活呢？我跟大王在一起的时间是很短的，大王有了一点从善的决心，可是我一离开您，那些奸臣又来哄骗您，您又会听信他们的话，叫我怎么办呢？"接着，他又打了一个生动的比喻："弈秋是全国最善下棋的能手，他教了两个徒弟，其中一个专心致志，处处听弈秋的指导；另一个却老是盼着有天鹅飞来，准备用箭射下天鹅。两个徒弟是一个老师所教，一起学习，可后者的成绩却差得很远。这不是他们的智力有区别，而是专心的程度不一样啊！"齐王听后深有感触，改变了许多做法。

小小思想家

孟子的母亲为什么要"断织"？弈秋的两个徒弟为什么成绩相差很大？从孟子劝说齐王的故事中，你学到了哪些劝说的方法呢？

二 讲名家故事

小小演说家

"断织喻学"的故事让我们知道了学习不能半途而废的道理。孟子还有哪些故事给我们带来了启发？查阅关于孟子的故事，选择一个印象最深的讲给家人听！

三 探名家足迹

主要成就 —— 《孟子》
- 提出"性善论"，认为人生来就具备仁、义、礼、智四种品德
- 在政治上，提出"仁政""王道""民贵君轻"的思想
- 提出"舍生取义"的价值观，认为人不能为优越的物质条件而放弃礼义

小小探索家

孟子是"成语大王"？

孟子和孔子一样，为后世留下了宝贵的思想财富。不同的是，孔子循循善诱，而孟子长于辩论。经过历史的沉淀，孟子的很多观点变成了经典的成语，如"一曝十寒""五十步笑百步"等。还有哪些成语与孟子有关？这些成语是什么意思？找一找相关资料，把这些成语积累下来，努力成为"成语大王"吧！

孟子提出了著名的观点——"民为贵，社稷次之，君为轻"，认为

君王要善待人民。他在周游列国的时候，试图以这样的思想说服各国的统治者。面对或残暴或懒政的国君，善于辩论的孟子会怎么劝说？大王们有没有接受他的建议？和伙伴们一起搜一搜、读一读孟子劝谏的故事，选一个最喜欢的故事演一演。

四 学名家智慧

孟子曰："尽信书，则不如无书。"

小小朗读者

富贵不能淫，贫贱不能移，威武不能屈，此之谓大丈夫。

故天将降大任于是人也，必先苦其心志，劳其筋骨，饿其体肤，空乏其身，行拂乱其所为，所以动心忍性，曾益其所不能。

穷则独善其身，达则兼善天下。

——《孟子》

小小推广人

你听过"孟母三迁"的故事吧。孟子的母亲为了不让孟子受周围环境的影响，多次搬家。你认为孟母的做法对吗？认为对的同学作为正方，认为不对的同学作为反方，和小伙伴一起展开辩论，看看谁是能言善辩的小小辩论家，并把你们的辩论过程记录下来。

淡泊名利的庄子

如果穿越到战国时期,你愿意在朝廷做官还是愿意像鱼儿一样自由地生活?看看庄子的选择吧。

一 读名家故事

名家档案

姓　　名:庄周,字子休

生活年代:战国时期(约公元前369—约公元前286)

籍　　贯:宋国蒙邑(今河南商丘)

身　　份:思想家、哲学家、文学家,道家学派代表人物

主要经历:公元前340年,庄子被任命为漆园吏,但庄子崇尚自由,几年后辞去官职,史称"漆园傲吏"。此后,他潜心研究学问,在思想的世界里自由驰骋。公元前322年,庄子与失去相位的好友惠施游于濠水,留下著名的"濠梁之辩"。庄子在诸侯混战、争霸天下的时代,不愿与争斗者同流合污,隐居著书,潜心研究道学,相继写下《逍遥游》《齐物论》《养生主》等名篇佳作。

 **精彩故事**

神龟与鹓雏

一天，庄子正在涡水悠闲地钓鱼，楚王派大夫请他回朝廷做官。大夫说："楚王早就听闻先生的大名，想请您辅佐他处理国家大事。我们非常希望您能出山，为君王分忧，为百姓造福。"

庄子拿着钓竿，头也不回地说："我听说楚国有只神龟，被杀死时已经3000岁了。楚王把它珍藏在竹箱里，给它盖上锦被，供奉在庙堂上。请问二位大夫，这只神龟是愿意死后留下骨骸来显示尊贵，还是愿意活着的时候在泥水中自由自在地生活呢？"

二位大夫想了想，说："那当然是愿意在泥水里快活地生活啦。"

庄子说："所以，二位大夫请回去吧，我也愿意在泥水里无拘无束地生活。"

后来，庄子的好朋友惠子在梁国当了宰相，庄子想去见见这位好朋友。有人向惠子报告："庄子来梁国是不怀好意，他想取代您的官位。"惠子有些恐慌，想阻止庄子，派人在都城搜了三天三夜都没找到。

没有想到庄子从容地来拜见他，说："南方有只鸟，它的名字叫鹓雏，您听说过吗？这鹓雏展开翅膀飞向天空，从南海飞向北海，不是梧桐树就不到上面栖息，不是竹子的果实就不吃，不是甜美的泉水就不喝。有只猫头鹰津津有味地吃着一只腐烂的老鼠，恰好鹓雏从头顶飞过，猫头鹰急忙护住腐鼠，对它说：'走开！'可是，鹓雏看都不看它一眼，就飞走了。"说完，庄子摇摇头，离开了。

庄子放弃做官，不愿追名逐利，在他的心中有比名利更重要的东西，那就是自由的生活和丰富的思想，他希望通过著书立说为后人留下一个想象瑰丽、逍遥自在的精神家园。

小小思想家

庄子为什么辞官？庄子和惠子有什么不同？庄子的人生理想到底是什么呢？你怎么看他的人生理想呢？

二 讲名家故事

> 吾生也有涯，而知也无涯。
> ——庄子

小小演说家

古往今来，关于庄子，流传着许多充满哲思、神奇有趣的故事，如"庄周梦蝶""鼓盆而歌"等。庄子还有哪些奇闻逸事呢？查一查资料，选择一个你最喜欢的故事，与好朋友分享。

三 探名家足迹

主要成就 —— 《庄子》
- 囊括天道观念、自由思想、平等思想、辩证思想、相对主义、游世思想
- 以"寓言""重言""卮言"为主要表现形式
- 名篇有《逍遥游》《齐物论》《养生主》
- 代表了先秦散文最高成就

小小探索家

庄子不但是一位杰出的思想家,也是一位伟大的文学家。他的文章想象奇特,充满浪漫色彩。《庄子》一书中记载了许多寓言故事,有的幽默讽刺,有的怪奇瑰丽,有的天马行空。读一读这些寓言故事,一起漫步庄子独特的想象世界,再把你喜欢的寓言故事题目写下来。

2000年11月11日,国家邮政局发行了《中国古代思想家》邮票,一套六枚,其中第四枚邮票的图案是古代思想家庄子。到网上找到这枚邮票看一看,然后你也设计一枚庄子的专属邮票,让大家欣赏你的神笔巧思。

四 学名家智慧

小小朗读者

德有所长,而形有所忘。

——《庄子·德充符》

人生天地之间,若白驹之过隙,忽然而已。

——《庄子·知北游》

朝菌不知晦朔,蟪蛄不知春秋。

——《庄子·逍遥游》

小小推广人

庄子是一位讲故事的能手,善于把对生活的观察和自己的经历编成富有哲理的寓言故事。根据自己的生活观察与经历,试着创编一个有趣的寓言故事吧。

"独尊儒术"董仲舒

有这样一个人,他去世后,上到达官显贵,下至平民百姓,骑马者、乘轿者,凡经过他的墓前,都要步行前往,你知道他是谁吗?

一 读名家故事

📖 名家档案

姓　　名: 董仲舒

生活年代: 西汉(公元前179—公元前104)

籍　　贯: 河北广川(今河北景县广川)

身　　份: 思想家、政治家、教育家

主要经历: 汉景帝时,董仲舒任博士,讲授《公羊春秋》。公元前134年,汉武帝下诏征求治国方略,董仲舒在著名的《举贤良对策》中把儒家思想与当时的社会需要相结合,创建了以儒学为核心的思想体系,提出天人感应、三纲五常等学说。其"罢黜百家,独尊儒术"的主张被汉武帝采纳。董仲舒先后任江都易王刘非国相、胶西王刘端国相,后来辞官回家,著书立说。他备受汉武帝尊重,朝廷每有大事商议,汉武帝便派遣使者和廷尉前去董家询问董仲舒的看法。董仲舒一生经历三朝,度过了西汉王朝的极盛时期。公元前104年,董仲舒病故,汉武帝赐葬于长安下马陵。

 **精彩故事**

三年不窥园

董仲舒幼年时读书专心致志，在花园中的书房读书，却"三年不窥园"。

董仲舒最开始在家里学习。父亲的朋友来访，谈笑风生，干扰很大。于是，董仲舒请求家人收拾了花园中的一间小屋做书房。在这间小屋里，他两耳不闻窗外事，专心研读圣贤书。

董仲舒的父亲有个老友叫安溪，常到董家与董父谈天说地。安溪问到董仲舒读书情况，董仲舒的父亲说："他自从搬到花园书房里，除了吃饭，没出书房半步。"安溪不信，到花园去看。他故意在书房门口走来走去，在窗前探头查看，董仲舒丝毫没有察觉。此后，安溪每次到董家做客，都到花园书房探视一番。

一晃三年，董仲舒的学问已经很深了。一天，安溪来访，父亲叫董仲舒前来拜见。董仲舒见到安溪，连忙上前施礼："安叔叔，您三年没来我家了！"

安溪惊奇地问："贤侄真的三年没看见我？我每次来都到书房门口看望你呀。"

董仲舒说："我在房内只看到书，未曾看到叔叔。"

安溪又问："你的书房外面鸟语花香，你竟没有察觉？"

"我只知屋内有书，不知房外有花园。"董仲舒回答。

"你真是个好学的孩子！"安溪由衷地赞叹道，"今天，叔叔送你一个礼物做奖励。"

董仲舒打开礼物一看，原来是一本《春秋》。他激动地说："我在花园内度过三个春秋，今天又得到一部《春秋》。长大后，我将以《春秋》治国，度过我一生的春秋！"

小小思想家

董仲舒"三年不窥园"的故事带给你哪些启发？董仲舒的思想为什么能影响中国两千多年呢？试着与同学们讨论讨论。

二 讲名家故事

董仲舒是治学忧国的儒圣。

小小演说家

《汉书·卷二十四上·食货志第四上》:"仲舒死后,功费愈甚,天下虚耗,人复相食。"可以看出,董仲舒的去世,是汉朝的巨大损失。请你查阅资料,了解董仲舒的其他故事,选择你最喜欢的一个故事讲给同学听吧!

三 探名家足迹

主要成就		
	创立新思想体系	提出"天人感应,大一统"学说
	政治影响	"罢黜百家,独尊儒术"的思想影响中国社会2000多年
	教育成就	为朝廷培养选拔了大量优秀人才
	代表著作	《天人三策》《士不遇赋》《春秋繁露》

小小探索家

董仲舒墓也叫"下马陵"。董仲舒去世后,汉武帝亲自为他选择安葬之地,并在陵前修建董子祠。相传,汉武帝每次经过董仲舒的陵园时,三十丈之外便下马步行,以表达对董仲舒的尊敬。此后,便形成了一条不成文的规矩:上到达官显贵,下至平民百姓,骑马者、乘轿者,凡经过董仲舒的墓前,都步行前往,"下马陵"的名字由此而来。有机会你可以和亲朋好友一起去瞻仰伟人之墓——下马陵。

四 学名家智慧

小小朗读者

君子不隐其短,不知则问,不能则学。
常玉不琢,不成文章;君子不学,不成其德。
是故善为师者,既美其道,有慎其行。
薄赋敛,省徭役,以宽民力。

——董仲舒

小小推广人

思想是社会进步的重要推动力。学习名家思想,可以汲取他们的智慧,帮助自己成长,推动社会的进步。董仲舒提出"罢黜百家,独尊儒术"的主张,成为统治者推崇的正统思想。查一查"罢黜百家,独尊儒术"在当时的重要意义,谈谈你的看法。

理学集大成者朱熹

"读书有三到,谓心到、眼到、口到。"你知道这是谁的名言吗?

 读名家故事

名家档案

姓　　名:朱熹,字元晦,号晦庵、云谷老人等
生活年代:南宋(1130—1200)
籍　　贯:江西婺源
身　　份:思想家、哲学家、教育家、文学家
主要经历:1148年,朱熹考中进士,曾任江西南康、福建漳州知府,浙东巡抚等职,做官清正有为,振兴书院建设,曾为宋宁宗讲学。晚年遭遇"庆元党禁",被列为"伪学魁首",落职罢祠。1200年逝世,被追赠为太师、徽国公,赐谥号"文",世称"朱子""朱文公",与"二程"合称"程朱学派"。其著作《四书章句集注》曾是钦定的教科书和科举考试的标准。

 **精彩故事**

朱熹写"桃"

一个春日，桃花似火，朱熹正对着桃花看得出神，父亲让他写一幅"桃花潭水深千尺，不及汪伦送我情"的书法作品。朱熹研墨挥笔，不一会儿就写好了，请父亲评点。父亲看罢微笑："倒还遒劲，有长进！"说着，眼睛落在"桃"字上，脸色突然沉了下来："心正字正，心不正字则不正啊！"朱熹不敢出声，仔细一看，原来是把"桃"写成"挑"了！

朱熹平日读书写字十分认真，常常得到父亲的赞许，今日竟出如此差错，心里很难过。他向父亲认错："只怪我人在案旁，心在窗外。您让我再写1000个'桃'字，以弥补我的过失。"父亲点点头："你若再有一个错字，我饶不了你。"

父亲走后，朱熹心里十分不安，暗暗责怪自己不该分心。他把窗子关好，专心致志写着"桃"字。窗外风雨愈来愈大，朱熹专心写字，竟然都未听见。他一笔一画地写着，不知不觉写完了999个，只差最后一个"桃"字了。他抹了抹额上的汗珠，揉了揉酸痛的手臂，挥笔在纸上写下了最后一个"桃"字。

奇怪！当他把写完的"桃"字送去请父亲点评时，天空突然放晴了。父亲看着朱熹写的1000个"桃"字，个个端正，字字生辉，遒劲有力，连声说道："好！好！我儿今日风雨声中不分心，不走神，日后定能成器。"说罢，便带他出门赏春。来到半亩方塘，父亲惊愕不已，原来风雨声中桃花飘落，而此时满树满林的桃花又开得火红了。父亲暗自思忖：小儿写罢"桃"字，桃花便二度盛开，来日前途光明啊！

从此，"半亩方塘二度桃"的故事便在民间传开了。

小小思想家

读了朱熹的故事，你认为朱熹是个怎样的人？他一生巨大的成就来源于什么呢？

二 讲名家故事

康熙皇帝评价朱熹："集大成而绪千百年绝传之学,开愚蒙而立亿万世一定之规。"

小小演说家

在中国文化史上,朱熹是一位不可或缺的重要人物,他继承发扬了儒家思想,被称为孔子、孟子以来最杰出的儒学大师。拥有如此高度评价的朱熹还有哪些有趣的故事呢?查阅相关资料,选择一个印象最深的故事讲给其他同学听。

三 探名家足迹

- 主要成就
  - 思想地位：理学集大成者,理学思想被奉为元、明、清三朝官方哲学
  - 注释"四书"：注释《大学》《中庸》《论语》《孟子》
  - 代表作品：《四书章句集注》《朱子大全》《楚辞集注》等

> 朱熹以弘扬理学为己任，奉行"格物致知、实践居敬"。

小小探索家

朱熹是宋代理学的集大成者，也是中国古代教育史上极具影响的教育家。他的教育思想博大精深，其中最值得关注的有两点：一是论述"小学"和"大学"教育；二是"朱子读书法"，即主张"循序渐进、熟读精思、虚心涵泳、切己体察、着紧用力、居敬持志"等。

朱熹留下了许多教育名言。查阅资料，选取经典名言摘录下来。

四 学名家智慧

小小朗读者

偶 成

〔宋〕朱熹

少年易老学难成，一寸光阴不可轻。

未觉池塘春草梦，阶前梧叶已秋声。

小小推广人

朱熹提出"读书有三到，谓心到、眼到、口到"，主张在学习生活中要养成良好的阅读习惯。围绕"学习中有哪些良好的行为习惯"这一主题，展开一个小调查，并向其他同学推荐一种学习好习惯，说说其好处。

知行合一的王阳明

> 他被后世称为明代"全能大儒",他上马能治军,下马能安民,他就是王阳明。

一 读名家故事

名家档案

姓　　名：王守仁,字伯安,号阳明
生活年代：明朝(1472—1529)
籍　　贯：浙江宁波余姚
身　　份：思想家、军事家、教育家、文学家,心学集大成者
主要经历：1472年,王阳明出生于浙江绍兴府余姚县的一个官宦之家。看到社会动荡、民生疾苦,他便立志学好兵法,为国效力。1489年,18岁的王阳明萌生了"知行合一"的想法。1499年,他考中进士,仕于孝宗、武宗、世宗三朝,历任南赣巡抚、两广总督等职。领兵打仗,接连平定南赣、两广盗乱和宁王之乱。晚年官拜南京兵部尚书、左都御史。1525年,王阳明在绍兴创建阳明书院,讲授心学。王阳明的一生,文能著书立说,武能建功立业,深受军民爱戴。

 **精彩故事**

竹林格物

在理学思想中，"格物致知"是一个重要概念。王阳明很想知道什么是"格物致知"，决定自己寻找答案。

王阳明家的院子里有一大片竹林。一天，王阳明尝试通过竹子探究道理。他对着院子里的竹子一坐就是七天，心里涌出许多问题：这些竹子有什么用处？为什么竹子可以为人所用呢？他苦思冥想。七天下来，王阳明头晕眼花，全身乏力，最终病倒了。

后来，王阳明在稻田里遇到一位老人。老人问他："这是几块稻田啊？"王阳明看到稻田被田埂分成了九宫格，便说："这是九块稻田。"老人又问："那要是没有田埂分割呢？"王阳明说："那就是一块稻田了。"

王阳明恍然大悟，要想真正了解竹子，必须到竹林里面去，不动手研究实践，就永远无法真正了解它。他返回竹林，动手量、用手摸那些郁郁葱葱的竹子。通过观察竹子，王阳明悟出了许多道理。他想到竹子韧性好，足够长，可以用来做建筑材料，盖房子。春天，竹子长出竹笋，清香美味，可以成为人们桌子上的佳肴。竹子具有刚正不阿、奋发向上的品质，许多文人画家为竹子作诗、画画，表达他们的美好品德和人生志向。

可见，要想学习世间万物，获取关于它们的知识，就得讲究方法。学习不能只靠猜想，要去研究，把知识和行动结合起来，才能真正弄明白其中的道理。"格物致知"最重要的就是要做到"知行合一"。王阳明"竹林格物"，最终提出了"知行合一"的思想主张。

 **小小思想家**

王阳明在竹林里思考了什么问题，他又是怎么做的呢？你现在懂得"格物致知"的意思了吗？

二 讲名家故事

> 阳明心学后来传入日本、朝鲜等国。因其弟子众多,世称"姚江学派"。

小小演说家

杜维明教授说:"王阳明继承和发扬了中国儒学特有的人文精神。他提出'仁者要以天地万物为一体',创造人与自然的和谐;他提出'知行合一',创造人与社会的和谐;他提出'致良知',创造人与自身的和谐。近500年来,儒家学说的源头活水,就在王阳明。"

王阳明是一位了不起的思想家,他还有哪些有趣的故事呢?查阅资料,选择印象最深的一个故事与身边的小伙伴分享。

三 探名家足迹

主要成就
- 创立阳明心学 —— 提出"致良知""知行合一"等观点
- 政治改革 —— 主张通过科举制变革提高国家教育水平
- 非凡军事才能 —— 多次带兵平定叛乱
- 兴学讲学 —— 培养了大批人才

小小探索家

王阳明能文能武,既是思想家,也是军事家,为国家立下赫赫战功。王阳明领导了哪些著名的战役?选择其中的一次战役,按照他的兵法,利用手边的小玩具,和同学们在地图上玩一玩军事推演游戏。

《传习录》是王阳明的语录,是阳明学派的启蒙典籍。到网站或图书馆找一找这本充满智慧与思辨的书,读一读,穿越到明朝,去聆听王阳明先生的教诲。了解阳明心学,摘录经典语句。

四 学名家智慧

王阳明被人们称作立德、立功、立言"三不朽"者。

小小朗读者

静处体悟,事上磨炼,省察克治,贵于改过。
志不立,则如无舵之舟,无衔之马,漂荡奔逸,终亦何所底乎?
种树者必培其根,种德者必养其心。
繁华过眼三更促,名利牵人一线长。

——王阳明

小小推广人

要想成为伟大的思想家,不仅要勤于思考,还要勇于行动,因为"纸上得来终觉浅,绝知此事要躬行"。观察身边的一棵树、一朵花或者一滴水,试着给王阳明先生写一封信,说说你从中悟出了什么。

清学开山始祖顾炎武

古代有这样一位先生，他非常喜爱读书，每次外出都要带着书，在马背上随时背诵。因此，人们将他称为"马背上的藏书家"。

一 读名家故事

名家档案

姓　　名： 顾炎武，初名绛，字忠清
生活年代： 明末清初（1613—1682）
籍　　贯： 江苏昆山
身　　份： 思想家、学者
主要经历： 1639年，顾炎武放弃科场进取，遍览历代史乘、郡县志书，以及文集、章奏之类，辑录其中有关农田、水利、矿产、交通等记载，以及有关地理沿革的材料，撰述《天下郡国利病书》和《肇域志》。明朝灭亡后，他先后参加苏州、昆山的抗清战争。1657年，他只身北游，广交豪杰，一边游历，一边著述，身涉万里，名满天下。

 **精彩故事**

读万卷书，行万里路

顾炎武的童年非常不幸，一场天花差点夺去了他的生命。从小体弱多病的顾炎武，在母亲的教导和鼓励下，6岁启蒙，10岁开始读史书、文学名著。11岁那年，祖父要求他读完《资治通鉴》，并告诫说："现在有的人投机取巧，认为只要浏览一下《纲目》之类的书便事事皆知，但我认为这是不合理的。"

祖父的告诫使顾炎武领悟到读书做学问是件踏踏实实的事情，必须认真对待。他采用"自督读书"的方法：首先，他给自己规定每天必须读完的卷数。其次，他规定自己每天读完后把所读的书抄写一遍。这样，他读完《资治通鉴》后，一部书就变成了两部书。最后，每读一本书都做笔记，写下心得体会。他的一部分读书笔记，后来汇成了著名的《日知录》一书。他每年春秋两季，温习前半年读过的书籍，一边默诵，一边请人朗读，发现差异，立刻查对。

顾炎武读书，遇到问题一定要弄懂弄通；发现疑点，更是反复琢磨，直到完全清楚。他规定自己每天温课200页，如果温习不完，就绝不休息。

父母看到小炎武天天手不释卷，十分欣慰，同时也担心他的身体，不时劝他活动休息。顾炎武因此经常出门游历，增长见识。

顾炎武外出旅行，随身用两匹马、三头骡子装书。到了一些险要地方，会向差役询问那里的详细情况，如果与平时听到的不一样，就会在附近客店对着书籍进行核对校正。走过平原旷野，没有值得留意的，他就在马背上默读各种经典著作及注解疏证；偶尔有忘记的，便在客店认真查看书籍。

顾炎武的一生真正做到了"读万卷书，行万里路"，他的《日知录》《昌平山水记》《山东考古录》等著作都是实地考察与书本知识相互参证，认真分析研究以后写成的。

> 顾炎武与黄宗羲、王夫之、唐甄合称明末清初"四大启蒙思想家"。

小小思想家

顾炎武学习的时候采用了哪些读书方法？你打算运用他的哪些读书方法呢？

讲名家故事

顾炎武的治学方法注重实证。

小小演说家

顾炎武的一生，始终关注"国家治乱之源，生民根本之计"。早年奔走国事，中年谋求匡复，即使暮年独居北方，依旧念念不忘"东土饥荒"。顾炎武一生致力于抗清事业，在他身上还有哪些感人的故事？查阅相关资料，选择一个你最喜欢的故事与同学分享。

探名家足迹

	学术影响	开国儒师、清学开山始祖
主要成就	思想主张	礼义廉耻，是谓四维。天下兴亡，匹夫有责
	主要作品	《日知录》《肇域志》《金石文字记》等

小小探索家

旷世大儒顾炎武，将一片赤诚之心写在祖国的大地上，为中华民族点起了一盏智慧的明灯。和爸爸妈妈一同观看纪录片《大儒顾炎武》，向更多的人讲述顾炎武的思想与故事。

作为一代大儒，顾炎武的书法亦可圈可点，令人赞叹。他的书法作品节奏感强、浓枯交错，可谓枯润相生，虚中蕴实。去网站或者图书馆找一找相关资料，欣赏他的书法作品吧。

四 学名家智慧

小小朗读者

天下兴亡，匹夫有责。
人之为学，不可自小，又不可自大。
士大夫之无耻，是谓国耻。
文章无定格，立一格而后为文，其文不足言矣。

——顾炎武

小小推广人

顾炎武故居位于江苏省昆山市千灯古镇，包括故居、顾园（顾炎武纪念馆）、亭林祠堂及墓地。你可以通过网站检索获取关于故居各景点的图片、视频、文字解说等，"云游"打卡顾炎武故居，写下游览的感受。

"百日维新"梁启超

他的作品被后人评价为"惊心动魄,一字千金,人人笔下所无,却为人人意中所有"。你知道他是谁吗?

 读名家故事

 名家档案

姓　　名：梁启超,字卓如,号任公,又号饮冰室主人、饮冰子、哀时客

生活年代：近现代(1873—1929)

籍　　贯：广州府新会(今广东江门市新会区)

身　　份：思想家、政治家、教育家、史学家、文学家

主要经历：梁启超8岁能文,17岁中举。1890年,他师从康有为,后与康有为等人联合发起"公车上书",反对在甲午战争中战败的清政府签订丧权辱国的《马关条约》。曾任上海《时务报》主笔、长沙时务学堂总教习。1898年,梁启超与康有为等人发起"百日维新"运动,同年变法失败,逃亡日本,先后创办《清议报》和《新民丛报》。1913年,梁启超回国,先后任北洋政府司法总长、币制局总裁,不久辞职。护国运动后陷入北洋军阀的内部纷争之中。1929年1月19日,梁启超病逝。他一生致力于中国社会改造,为民族强盛四处奔走。

精彩故事

梁启超拜师

梁启超小时候聪慧过人,才思敏捷。他5岁读"四书五经",12岁考中首榜——秀才第一名,被乡亲称为"神童"。直至今日,当地还流传着许多"神童"梁启超的故事。

广东省广州府新会县有座小山,叫坭子山。山上有座塔,叫坭子塔,又叫凌云塔。梁启超的老家就在坭子塔山下。梁启超小时候经常和小伙伴爬上坭子塔玩。一天,11岁的梁启超写了一首诗《登塔》:"朝登凌云塔,引领望四极。暮登凌云塔,天地渐昏黑。日月有晦明,四时寒暑易。为何多变幻?此理无人识。我欲问苍天,苍天长默默。我欲问孔子,孔子难解释。搔首独徘徊,此理终难得。"祖父看了赞叹不已。

考中举人后,梁启超不满足取得的成就,赴广州学海堂继续读书。同学陈千秋是南海县西樵乡人,与梁启超非常要好,是学堂的高才生。一天,陈千秋从外面回来,兴奋地对梁启超说:"梁兄,我听说康有为先生上书皇帝请求变法,皇帝没有同意。现在康先生刚巧从京师回来,我想前往拜见,他的学问是你与我想象不到的。如果我们现在能找到一位好老师,那就太好了。"

见到康有为,梁启超正式拜康有为为师。康有为1893年中举,比梁启超晚四年。1890年,当梁启超成为康有为的弟子时,康有为还没有中举呢。可见梁启超拜康有为为师,是举人拜秀才为师,这在中国历史上是很罕见的。康有为与梁启超的师生故事,成为历史佳话。

小小思想家

梁启超11岁作《登塔》诗,由此你看出他当时是一个怎样的少年?后来他中了举人,为什么却要拜一个秀才为师呢?

二 讲名家故事

> 梁启超非常重视教育，认为教育是国家的根本大计。

小小演说家

梁启超不仅是中国历史上一位百科全书式的人物，还是"一门三院士、九子皆才俊"的超级老爸。

你想了解人们为什么这么评价梁启超吗？查一查相关资料，选择一个你最喜欢的故事与大家分享。

三 探名家足迹

主要成就
- 研究广泛 —— 在哲学、文学、法学、史学等领域均有建树
- 创造新文体 —— 发明介于白话文、文言文之间的新文体
- 词语创新 —— 第一个在文章中使用"中华民族"一词
- 著述丰富 —— 《饮冰室合集》共148卷，1000余万字

小小探索家

梁启超一生都在为国奔波,其中,以和康有为共同发起的爱国救亡运动"戊戌变法"最为出名。这一变法仅仅维持了103天,所以也叫"百日维新"。查一查,了解"百日维新"有哪些内容,为什么仅仅维持了103天,这次运动对中国历史产生了哪些影响?

> 梁启超一生主张革故鼎新,自号"中国之新民"。

四 学名家智慧

小小朗读者

故今日之责任,不在他人,而全在我少年。少年智则国智,少年富则国富,少年强则国强,少年独立则国独立,少年自由则国自由,少年进步则国进步,少年胜于欧洲则国胜于欧洲,少年雄于地球则国雄于地球。

红日初升,其道大光。河出伏流,一泻汪洋。潜龙腾渊,鳞爪飞扬。乳虎啸谷,百兽震惶。鹰隼试翼,风尘翕张。奇花初胎,矞矞皇皇。干将发硎,有作其芒。天戴其苍,地履其黄。纵有千古,横有八荒。前途似海,来日方长。

美哉,我少年中国,与天不老!壮哉,我中国少年,与国无疆!

——梁启超《少年中国说》节选

小小推广人

《少年中国说》寄托了梁启超对少年中国的期盼与向往。少年儿童是祖国的未来,该怎样担负中华民族伟大复兴的历史重任呢?写一写自己的决心与自我要求吧!

小小评价员

我能获得（　　）颗星。

1. 小小思想家
☆ 仔细阅读　　☆ 专心思考　　☆ 积极回答

2. 小小演说家
☆ 查阅资料　　☆ 精选故事　　☆ 乐于分享

3. 小小探索家
☆ 广泛探寻　　☆ 合作交流　　☆ 深入研究

4. 小小朗读者
☆ 字正腔圆　　☆ 声情并茂　　☆ 主动积累

5. 小小推广人
☆ 创意想象　　☆ 实践推广　　☆ 传承精神

提升民众福祉

"中华第一相"管仲

他被誉为"法家先驱""圣人之师""中华第一相"。他是谁呢?

 读名家故事

名家档案

姓　　名：管仲,名夷吾,字仲
生活年代：春秋时期(？—公元前645)
籍　　贯：颍上(今安徽颍上)
身　　份：政治家、经济学家、军事家、哲学家
主要经历：公元前698年,管仲开始辅佐公子纠。公元前685年,管仲得到鲍叔牙推荐,担任国相,辅佐齐桓公成为春秋五霸之首。他对内大兴改革,富国强兵;对外尊王攘夷,九合诸侯,一匡天下,被尊称为"仲父"。

 **精彩故事**

楚国购鹿

齐桓公问管仲："楚国是强国，其人民精通格斗的技巧。我们要举兵讨伐楚国，恐怕力不从心。一个楚国就很麻烦了，以后的路该怎么走？"管仲说："大王您出高价购买楚国的鹿吧，这一招准管用。"

于是，齐桓公在与楚国交界的边境上建了一座小城，派了近千名商人前往楚国各地买鹿。当时，楚国只是将鹿当作普通的可以食用的动物。因为齐桓公的宣传，楚国商人见有利可图，纷纷加紧购鹿，仅仅过了十几天，鹿的价格涨了一倍。

管仲派去的商人在楚国到处扬言："齐桓公好鹿，不惜重金。"楚王听说了这件事情，对国相说："金钱，是人人都喜欢的，也是国家赖以生存的东西。而鹿，不过是野兽而已，楚国多的是，即使都不要也无所谓。现在齐国出高价来买我们不需要的东西，这是我们楚国的福气啊！赶快发布命令，让老百姓赶紧捕捉活鹿，尽快把齐国的钱换过来！"

后来，为了收到更多的鹿，管仲不断把鹿价提高。于是，楚国人民纷纷放下农具，前往深山去捕鹿，连楚国官兵也偷偷上山，捕鹿卖给齐国商人。仅仅过了几年时间，楚国就土地荒芜，山上的鹿也被抓光了。

管仲让大臣悄悄在齐、楚两国民间收购并囤积粮食。楚国靠卖鹿赚的钱，比往常多了五倍；齐国收购囤积的粮食，也比往常多了五倍。

这时，管仲对齐桓公说："好了，这下我们可以安心去攻打楚国了！"齐桓公问："为什么？"管仲回答："楚国拿了比往常多五倍的钱，却误了农时，粮食不可能几个月时间就收割，楚国到时候一定会四处收购粮食的。到时候我们封锁边境就行了。"齐桓公恍然大悟，下令封锁了与楚国的边境。楚国的米价疯涨，楚王派人四处买米，逃往齐国的楚国难民多达本国人口的十分之四。楚国元气大伤，三年后向齐国臣服。

小小思想家

齐桓公明明是想削弱楚国的国力，管仲却建议他花重金买楚国的鹿，这是为什么？花重金买鹿和削弱楚国国力这两件事情和囤积粮食有什么关系？

二 讲名家故事

小小演说家

孔子说："微管仲，吾其被发左衽矣。"意思是管仲辅助齐桓公做诸侯霸主，尊王攘夷，一匡天下。要是没有管仲，我们都会披散头发，左开衣襟，成为野蛮人了。

管仲任国相期间，发生了很多有趣的故事，除了已经知道的"楚国购鹿"，还有"金龟换粮""衡山之谋""愚公之谷"等。查找资料，再读一读，选择一个印象最深的故事讲给其他同学听。

三 探名家足迹

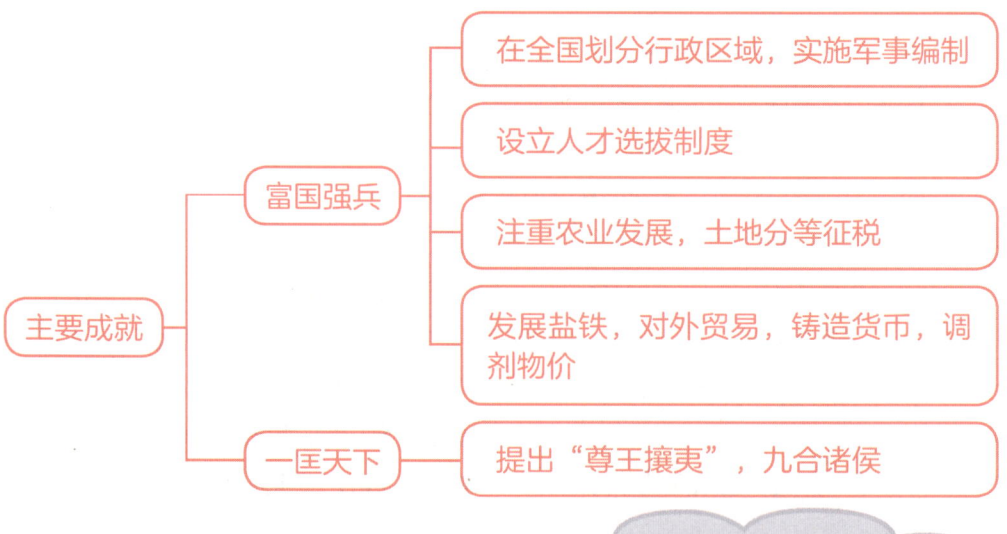

小小探索家

你知道"尊王攘夷"是什么意思吗？

管仲去世后，葬于山东省临淄牛山北麓。后人为了纪念他，以管仲墓为依托，以《管子》思想为基础，以管仲的生平为脉络，建成了管仲纪念馆。同学们可以上网查阅管仲纪念馆的资料，进一步了解管仲。

四 学名家智慧

> 管仲不仅建立了彪炳史册的功勋，还给后世留下了一部以他名字命名的巨著——《管子》。书中记录了他的治国思想，对后世影响深远。

小小朗读者

一年之计，莫如树谷；十年之计，莫如树木；终身之计，莫如树人。

不自以为所贵，则君道也；贵而不过度，则臣道也。

仓廪实而知礼节，衣食足而知荣辱。

——《管子》

小小推广人

管仲有一位好朋友，名叫鲍叔牙。管仲在成为国相之前被很多人误解，甚至差点丢了性命，是鲍叔牙一直相信他、帮助他，将他推荐给齐桓公。管仲说："生我者父母，知我者鲍叔牙。"然而，在向齐桓公举荐下一任国相时，管仲并没有推荐自己的好朋友鲍叔牙，他说："我们现在是在讨论谁做下任国相最合适，您并没有问谁是我最感激、最要好的朋友！我们的私交很好，但国家利益高于一切！"

在举荐班干部时，你会放弃自己的好朋友，选择能力更强的同学吗？如果没有选择自己的好朋友，你怎么向他（她）解释呢？结合管仲和鲍叔牙的故事，把自己的想法对好朋友说一说。

先秦法家代表人物商鞅

毛泽东主席称他是"首屈一指的利国福民伟大的政治家"。他就是战国时的商鞅。

一 读名家故事

名家档案

姓　　名：商鞅，姬姓，公孙氏，名鞅。后封于商，人称商鞅，也称卫鞅、公孙鞅

生活年代：战国末期（约公元前390—公元前338）

籍　　贯：卫国（今河南省安阳市）

身　　份：政治家、思想家、改革家、军事家

主要经历：商鞅早年侍奉魏国国相公叔痤，任中庶子。公元前361年，秦孝公颁布招贤令，商鞅来到秦国。公元前359年，商鞅辅佐秦孝公，以《垦草令》为序幕，积极实行变法，秦国逐渐成为富裕强大的国家。公元前338年，秦孝公驾崩，秦惠王继位。公子虔等贵族势力罗织罪名，诬陷商鞅谋反。秦惠王派兵征伐，商鞅兵败战死。商鞅虽然去世，但新法并未被废除。

精彩故事

徙木立信

战国时期,商鞅来到秦国,积极推行变法。他担心百姓不相信新法,想到了一个办法。

商鞅命人在城门前放了一根三丈高的木柱,并张贴告示:"谁能把城门前的木柱搬走,官府赏五十金。"

老百姓看到告示后议论纷纷。大家怀疑这是官府骗人的把戏,一个年轻力壮、膀大腰圆的小伙子说:"让我试试吧,我去把城门那根木柱搬走。要是官府赏钱,说明他们讲信用,往后咱们就听他们的;如果不赏钱,说明他们愚弄百姓。他们往后说得再好,我们也不信那一套了。"

壮汉说完,扛起木柱,搬到了城外。他来到衙门,果然领到了五十金。壮汉看到自己果真得到了五十金,喜不自胜。他一边炫耀赏钱,一边对围观的老百姓说:"看来官府还是讲信用的啊!"

这件事一传十、十传百,不久就传遍了整个秦国,商鞅这才下令变法。

这就是"徙木立信"的故事,后来人们用"徙木立信"比喻通过某种方式树立典型,使民众增强对政府的信心。

小小思想家

读了商鞅的故事,想一想,搬走一根木头并不是一件很难的事情,商鞅为什么给做到这件事的人五十金的奖励呢?这样做产生了怎样的效果呢?

二 讲名家故事

商鞅称得上是中国历史上第一个真正彻底的改革家。他的改革不仅限于当时，更影响了中国数千年。

小小演说家

商鞅因为秦孝公颁布的求贤令来到秦国，后来得到了秦孝公的赏识和重用，他的才能得以施展。据记载，商鞅入秦后，头几次和秦孝公见面，秦孝公直打瞌睡，并没有任用商鞅。最后一次，两个人才相谈甚欢，几天几夜毫无倦意。商鞅和秦孝公之间发生了哪些有趣的故事？查阅资料，选择一个印象最深的故事，与小伙伴分享。

三 探名家足迹

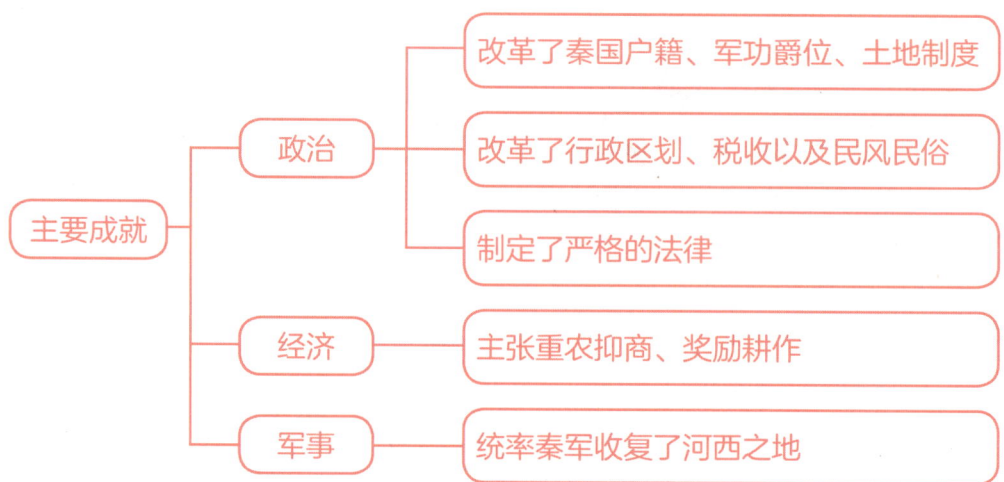

小小探索家

商鞅在实施变法过程中遇到了许多阻碍,他是怎样克服重重困难的?在电视剧《大秦帝国·裂变》中,讲述了商鞅变法的过程。你可以和爸爸妈妈一同看一看这部电视剧。看完后,选择印象最深的场景编成一个情景剧,邀请爸爸妈妈或者小伙伴一起演一演。

> 商鞅变法打破了贵族世袭制,使秦国欣欣向荣,日益强大,为统一六国奠定了基础。

四 学名家智慧

小小朗读者

商鞅鼓励秦孝公变法图强时,曾这样说:"疑行无成,疑事无功。"意思是行动犹豫疑虑,就不能成功;做事顾虑重重,就不会有效果。这句话表明了商鞅变法的信心和决心。

小小推广人

商鞅变法中很重要的一点是让百姓相信变法。我们的生活中也有很多规则,如《交通规则》《中小学生守则》等。想一想,生活中还有哪些规则是需要遵守的?最近一周你是否遵守了这些规则呢?填写下面的表格,进行自我检查。

规 则	我遵守了吗?		接下来,我会……
	遵守😄	没有😣	
例1:按时上学			
例2:课前准备好学习用品			

"千古一帝"秦始皇

> 他是中国历史上第一位皇帝。赞赏他的人尊他为"千古一帝",反对他的人说他是"一代暴君"。

一 读名家故事

 **名家档案**

姓　　名：嬴政,又称赵政

生活年代：战国末期、秦朝初年（公元前259—公元前210）

籍　　贯：赵国邯郸（今河北邯郸）

身　　份：政治家、改革家、战略家,第一位"皇帝"

主要经历：公元前247年,嬴政继承秦国王位,时年13岁。公元前230年至公元前221年,嬴政先后灭韩、赵、魏、楚、燕、齐六国,完成了统一中国大业,建立起一个中央集权的统一的多民族国家——秦朝,自称"始皇帝",在中央及地方管理上,推行了一系列重大改革。到了晚年,秦始皇梦想长生不老,苛政虐民,动摇了秦朝统治的根基。公元前210年,秦始皇东巡途中驾崩。他奠定了中国两千余年政治制度的基本格局。

 **精彩故事**

从秦王到"秦始皇"

秦王嬴政统一六国之后,对大臣们说:"如今天下已平定,要是再不改名号,就无法显示我的丰功伟绩,希望你们商量个帝号。"

李斯说:"从前五帝的疆域纵横千里,诸侯却没有完全臣服。如今陛下一统天下,法律政令由此统一,这是自上古以来从未有过的功绩,连五帝也比不上。臣等认为,古代有天皇、地皇、泰皇,泰皇最为尊贵,因此大王应称为'泰皇'。天子之命称为'制',天子之令称为'诏',天子自称'朕'。"

秦王说:"很好,那就去掉'泰'字,留用'皇'字,采用上古'帝'的名号,称为'皇帝'。"就这样,秦王嬴政成为中国历史上第一个称"皇帝"的君王,所以后世又称他"秦始皇"。

丞相王绾等人上书奏道:"诸侯国刚被消灭,燕、齐、楚地区偏远,不在那里封王就无法维持地区的稳定,请陛下立各皇子为王。"

秦始皇让群臣讨论这件事,大家都认为王绾说得有理,而廷尉李斯却说:"周文王、周武王封了那么多子弟,一开始亲戚关系近,还能维持和平。时间长了,亲戚关系远了,他们反而像冤家对头一样互相攻打,连天子也制止不了。如今各地都已经设置了郡县,不要再折腾了。我们可以用国家收来的赋税重赏子弟功臣,保他们富贵而不给他们权力,这样不是就很好吗?"

秦始皇点点头说:"廷尉说得对啊!过去战乱不止,就是因为有诸侯王的存在。如今刚刚统一,又要建立诸侯国,岂不是又要埋下战争的种子吗?一定不能再封诸侯。"就这样,西周的分封制被彻底废除,郡县制确定下来。郡县的长官由皇帝统一任命,不得世袭。

> 秦始皇是秦国人,为什么会出生在赵国呢?

小小思想家

想一想,后世为什么称秦王嬴政为"秦始皇"?秦始皇统一六国后,为什么不按照以前的方法做事,而要推行一系列的新措施呢?

二 讲名家故事

秦长城是世界建筑史上的奇迹。你知道它的起点和终点在哪里吗?

小小演说家

秦始皇一生轰轰烈烈、奋发有为,短短20余年完成了一统天下的霸业。桑弘羊说他"功如丘山,名传后世"。这样一位伟大的皇帝,还有哪些传奇的故事和不朽的功绩呢?查阅资料,选择一个印象最深的故事讲给其他同学听。

三 探名家足迹

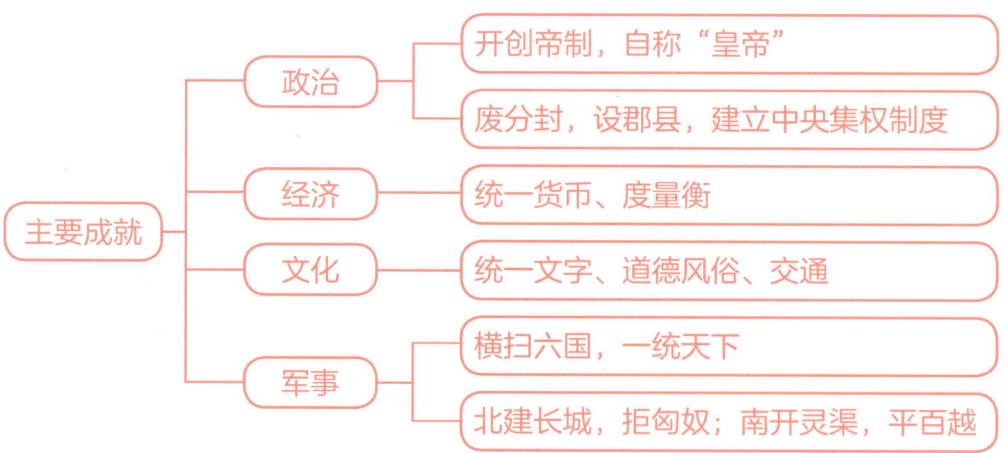

小小探索家

相传,秦始皇统一六国后为防止再起战争,把天下所有的兵器都收缴集中到咸阳,铸成十二个大铜人像,这就是"十二金人"的典故。

利用书籍和网络资源查一查，看看还能找到跟秦始皇有关的典故吗？选一个写下来。再将查到的典故集中起来，制作一本独一无二的《秦始皇典故词典》。

> "孟姜女哭长城""荆轲刺秦"的故事，你听过吗？

秦始皇虽然已经远去，但他为后世留下了许多珍贵的历史文化遗产，秦始皇陵、兵马俑、秦长城、秦驰道、灵渠、泰山石刻……到书中或者网上查一查这些珍贵历史文化遗产，把它们现在的样子翻拍下来，制作一本影集。有条件的同学，可以实地探访一番。

四 学名家智慧

小小朗读者

古风·秦王扫六合（节选）

秦王扫六合，虎视何雄哉！挥剑决浮云，诸侯尽西来。明断自天启，大略驾群才。收兵铸金人，函谷正东开。铭功会稽岭，骋望琅琊台。

——李白

小小推广人

秦始皇功绩卓著，影响深远，被明朝思想家李贽誉为"千古一帝"。秦始皇希望秦朝能"二世、三世至于万世，传之无穷"，然而，完成统一大业之后的秦始皇梦想长生不老，痴迷求仙问道，奢靡浪费，劳民伤财，给国家和百姓带来了深重的灾难，最终驾崩于邢台沙丘，秦朝也二世而亡，只延续了短短15年。因此，又有不少人说秦始皇是"一代暴君"。在你心中，秦始皇是一位成功的皇帝，还是失败的皇帝呢？与小伙伴举办一场辩论赛，一起辩一辩、说一说。

汉代开国皇帝刘邦

你听过"鸿门宴"的故事吗?"鸿门宴"这个故事中的一位主人公就是刘邦。

一 读名家故事

名家档案

姓　　名：刘邦,字季
生活年代：秦朝末年、西汉(公元前256—公元前195)
籍　　贯：沛郡丰邑(今江苏徐州丰县)
身　　份：政治家、战略家,汉朝开国皇帝
主要经历：刘邦出身农家,秦朝建立后,出任沛县泗水亭长。后因释放刑徒,隐藏于芒砀山中。公元前209年,农民起义爆发,刘邦、项羽起兵,共同抗秦。公元前207年,秦朝灭亡。公元前206年,汉王刘邦、西楚霸王项羽两大集团为争夺政权爆发楚汉之争,刘邦取得胜利。公元前202年,刘邦建立汉朝,定都长安,史称"西汉"。称帝之后,刘邦为稳固统治,陆续消灭韩信、彭越等异姓诸侯王,分封九个同姓诸侯王,同时建章立制,休养生息,励精图治。公元前195年,在讨伐英布叛乱时伤重不起,制定"白马之盟"后驾崩,庙号太祖。

 **精彩故事**

鸿门宴

秦朝末年,刘邦和项羽起兵反秦,立下"先入咸阳者为王"的誓约。

刘邦攻入咸阳后,决定在关中称王。汉军将领曹无伤将此事告诉了项羽。项羽震怒,下令攻打刘邦。楚国将领项伯(项羽的叔叔)连夜将此情况告诉了张良。随后,刘邦面见项伯,让他到项羽面前为自己说情。

次日清晨,刘邦带着张良、樊哙和100多名随从,前往鸿门向项羽道歉。见到项羽后,刘邦对项羽毕恭毕敬,并且留在帐中与项羽饮酒。宴席之上,范增寻找机会找到项庄(项羽的堂弟),让他借机除掉刘邦。于是,项庄以助兴为由拔剑起舞。看到项庄舞剑,项伯也拔出宝剑与项庄对舞(这就是"项庄舞剑,意在沛公"的出处)。这时,张良找到樊哙前来救援。刘邦借口上厕所离开大帐,在樊哙的保护下,由小路返回。

这就是"鸿门宴"的故事。

 **小小思想家**

在鸿门宴的故事中,出现了多个人物,有刘邦、项羽、项庄、项伯、张良、樊哙、范增等,他们相互都是什么关系呢?查阅资料寻找答案吧。

讲名家故事

团队的力量是无穷的,知人善任是刘邦获胜的原因!

小小演说家

刘邦曾总结自己取胜的原因:"论运筹帷幄之中,决胜于千里之外,我不如张良;论抚慰百姓供应粮草,我不如萧何;论领兵百万决战沙场,百战百胜,我不如韩信。可是,我能做到知人善用,发挥他们的才干,这才是我们取胜的真正原因。至于项羽,他只有范增一个人可用,但又对他猜疑,这是他最后失败的原因。"刘邦有哪些知人善任的精彩故事呢?查阅资料,读一读这些故事,选择一个印象最深的故事讲给其他同学听。

三 探名家足迹

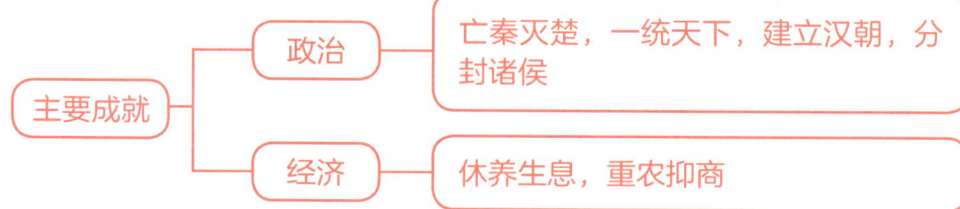

小小探索家

刘邦开创的大汉帝国是中国历史上最强盛的朝代,令后世国人景仰。那么,你知道西汉和东汉的区别吗?

刘邦建立汉朝后推行了一系列改革措施,涵盖政治、军事、经济、文化等多个领域。他的政治制度使大汉延续了四百余年,成为中国历史上时间最长的统一王朝。查阅资料,列举刘邦的施政方略,探寻大汉王朝迅速走向强盛的原因。

四 学名家智慧

"斩蛇起义",你是否感受到刘邦一往无前的恢宏气度了呢？

小小朗读者

大风起兮云飞扬，威加海内兮归故乡，安得猛士兮守四方！

——刘邦《大风歌》

小小推广人

河南省永城市芒砀山有一座斩蛇碑，相传是纪念刘邦斩蛇所立。刘邦特别爱喝酒，有一次，他押送一批农夫前往骊山服役。到了丰邑，他停下来喝酒，喝得酒气冲天。听说有条大蛇挡住了去路，他一马当先，拔剑与蛇大战一场，把大蛇斩为两段。这就是刘邦醉酒斩白蛇的故事。如今，永城市芒砀山上的斩蛇碑成了一处著名景观。

上网云游芒砀山上的斩蛇碑，写一段解说词，向大家介绍一代帝王刘邦的故事。

雄才大略汉武帝

有这样一位皇帝，创造了中国历史上的多个"第一"：第一个使用年号，第一个创立太学，第一个运用儒家思想统治国家……

一 读名家故事

名家档案

姓　　名：刘彻，原名刘彘

生活年代：西汉（公元前156—公元前87）

籍　　贯：长安（今西安）

身　　份：政治家、战略家、文学家，西汉第七位皇帝

主要经历：汉武帝是汉景帝刘启的儿子，起初名"彘"，因记忆超群，"圣彻过人"，被景帝赐名"彻"，意思是充满智慧，达到圣德。刘彻7岁被立为太子，16岁继承皇位，在位长达54年，占西汉王朝统治时间的四分之一。在位期间，他对内励精图治，削弱藩王势力；对外铁血征伐，开疆拓土。他建太学，定正朔，协音律，封泰山，推行了一系列福泽后世的政策。公元前87年，刘彻驾崩，谥号"孝武皇帝"。汉武帝开创了中国帝制时代第一个恢宏盛世，即"汉武盛世"。由于他和秦始皇的雄才伟略、文治武功在当时是空前的，人们把他和秦始皇并称为"秦皇汉武"。

 **精彩故事**

汉武帝的用人之道

汉武帝时，朝中有三位有名的臣子，分别叫汲黯、公孙弘和张汤。这三个人虽然同时在汉武帝手下为臣，但他们的情况却不一样。

汲黯出身贵族，祖上世代为官，进京供职时，资历已经很深，官职也已经很高了。而公孙弘和张汤两个人只不过是个小官，出身也很低微。后来，公孙弘封了侯，拜为相国，张汤也升到了御史大夫，两人官职都在汲黯之上，汲黯对此很不满。

汲黯是位耿直的老臣。一天散朝后，文武大臣陆续退去，汲黯却没有离开。他上前一步说："陛下您见过农人堆积柴草吗？他们总是把先搬来的柴草铺在底层，后搬来的反而放在上面。"

汉武帝有些不解。汲黯说："您看，公孙弘、张汤那些小官，论资历都在我之后，可现在他们一个个后来居上，职位都比我高。陛下您提拔官吏不是正和放柴草的农人一样吗？"

汉武帝知道汲黯没有理解他用人的苦心，但他只是沉默不语。公孙弘、张汤虽然出身低微，但他们为人处世恰到好处，政绩显著。汲黯是多年的老臣，十分忠心，只是耿直了些，汉武帝没有责怪他。汲黯这也不是第一次了，要知道，他曾在朝堂上当着文武百官的面说汉武帝只是一个表面仁义的君主而已！

汉武帝很尊敬汲黯这位耿直的老臣。丞相公孙弘有事求见，汉武帝有时连帽子也不戴。汲黯进见时，汉武帝不戴好帽子是不会接见他的。有一次，汉武帝坐在帐中，正好汲黯前来启奏公事，汉武帝没有戴帽子，一望见他就连忙躲避到帐内，派近侍代为批准他的奏议。汉武帝还对大臣们说："古代有所谓安邦保国的忠臣，我看汲黯差不多就是这样的人。"

不论是出身低微的小吏张汤，还是心直口快的老臣汲黯，都能得到汉武帝的重用，或许这就是汉武帝时代国家强盛的原因吧！

小小思想家

汉武帝为什么能建立如此伟大的功绩呢？这和他的用人之道有哪些关联？

二 讲名家故事

> 汉武帝是第一个开通西域的皇帝,曾命张骞出使西域。

小小演说家

汉武帝是中国历史上著名的有为之君,他的精彩故事太多了。查阅资料,选择一个印象最深的故事讲给其他同学听。

三 探名家足迹

主要成就
- 政治:行推恩令,设刺史,开察举
- 经济:造五铢钱,盐铁官营,均输平准
- 思想:罢黜百家,独尊儒术
- 文化:创年号,兴太学
- 军事:北击匈奴,东并朝鲜,南吞百越,西征大宛
- 外交:通西域,开丝绸之路

小小探索家

我国古代新君即位,为了区别上一任君主,要重新计算在位年数。

汉武帝时，遇到有纪念意义的事情，就在年数之前加上一个特别的名号，创立了中国古代的年号制度。比如，公元前122年，汉武帝出去狩猎，捉到一只独角兽白麟，群臣认为这是吉祥的神物，值得纪念，于是立年号为"元狩"，这一年就是元狩元年。查一查，汉武帝在位时一共用了多少个年号？这些年号是怎么来的？将查到的资料列出来，制作一张汉武帝时代的年号表。

汉武帝在位时广纳贤才，人才辈出，大将卫青、霍去病、丞相公孙弘、御史大夫倪宽、史学家司马迁、辞赋家司马相如……西汉各方面的兴盛离不开这些人才，史学家班固曾赞叹"汉之得人，于此为盛"。

探访这些名人的故事，了解他们是如何被汉武帝发现并赏识的，他们做出了哪些贡献。

四 学名家智慧

小小朗读者

"盖有非常之功，必待非常之人。故马或奔踶而致千里，士或有负俗之累而立功名。夫泛驾之马，跅弛之士，亦在御之而已。其令州郡察吏民有茂材异等，可为将相及使绝国者。"

这段话出自汉武帝的《求茂才异等诏》，意思是要建立异乎寻常的事业，一定要靠非同一般的人才能完成。有的马奔跑踢人，却能行千里；有的人受尽讥讽，却能建立功名。这些难以驾驭的马和放纵不羁的人，只在于如何驾驭他们罢了。我命令各州各郡要发现那些有优秀才能、超群出众，可担任将相、出使远方的人才。

小小推广人

汉武帝刘彻是我国历史上一位勇于自我反省的皇帝。晚年他目睹民间惨象，十分自责，写下《轮台罪己诏》，历数自己所犯的过错。汉武帝用自己的勇气为后世执政者树立了一个榜样。你怎么看汉武帝下"罪己诏"的行为呢？

"千古名相"诸葛亮

> 中国历史上有一位宰相,君主竟然对他说:"如果我的孩子不堪辅助,你就取而代之吧。"

一 读名家故事

名家档案

姓　　名：诸葛亮,字孔明,号卧龙
生活年代：三国时期(181—234)
籍　　贯：琅琊阳都(今山东临沂沂南县)
身　　份：政治家、军事家、文学家、发明家,三国时期蜀汉丞相
主要经历：东汉末年,军阀混战,豪强割据。诸葛亮随叔父避乱来到荆州,隐居在南阳隆中(今湖北省襄阳市),号称"卧龙"。207年,刘备三顾茅庐,诸葛亮向刘备提出取得荆州、益州作为根基,联合孙权抗击曹操的方针,这就是著名的"隆中对"。之后,诸葛亮辅佐刘备建立了蜀国,与魏、吴两国形成三足鼎立之势。221年,刘备称帝,拜诸葛亮为丞相。刘备驾崩后,刘禅继位,封诸葛亮为武乡侯。234年诸葛亮病逝于五丈原,被追封为忠武侯,后世尊称"武侯"。

 精彩故事

空城计

三国时期,蜀国丞相诸葛亮率领军队北伐魏国,魏国派大将司马懿领兵迎战。军情十分危急,诸葛亮的军营里却接连发生了几起偷盗粮食的案件。诸葛亮很生气,下令关闭城门,亲自带兵搜查。当他来到一家酒馆时,酒馆店门大开,几个伙计不慌不忙地扫地、擦桌子。诸葛亮一看,觉得这里不可能藏有军粮,就没有仔细搜查。谁知抓到盗贼后一审问,才知道被盗的粮食就藏在那家酒馆里。诸葛亮很吃惊,没想到自己竟被小小的盗贼轻而易举地骗了。

这时,两国之间的战争还在继续,司马懿率领大军向诸葛亮的驻地扑来。大家都非常着急,因为此时诸葛亮的精兵强将都在外地,来不及赶来支援,留在城里的只有一些老弱残兵,根本无力抵抗!怎么办呢?诸葛亮猛然想起盗粮贼使用的计谋。

诸葛亮命令城内的平民全部撤出,然后大开城门,让几个老兵在城门前若无其事地洒水、扫地。诸葛亮披上大衣,戴上高高的头巾,领着两个小书童,带上一把琴,登上城楼,面向城外坐下,燃起香,从容自若地弹起琴来。魏国军队来到城下,看到这情形,一下子愣住了。

面对大开的城门和抚琴的诸葛亮,司马懿一时竟不知如何是好。他左思右想,猜不透诸葛亮葫芦里到底卖的什么药。他知道诸葛亮足智多谋,可诸葛亮胆敢大开城门迎候十几万大军,这太出乎他的意料了。他断定,城里必定埋伏了大量兵马。司马懿越想越不对劲,急忙命令军队撤退。这就是诸葛亮"空城计"的故事。

小小思想家

后人皆评价诸葛亮是中国自古以来第一流的人物,认为他心无旁骛,忠于国家,没有私心,鞠躬尽瘁。你赞成这个说法吗?读了前文的介绍,你知道诸葛亮为什么被称为"千古名相"吗?

二 讲名家故事

你听过诸葛亮七擒孟获的故事吗?

小小演说家

《三国演义》塑造了一个"足智多谋、神机妙算"的诸葛亮形象,他在政治和军事上有许多传奇故事。通过书籍和网络找一找,选择印象最深的一个故事讲给小伙伴听。

三 探名家足迹

主要成就
- 治国 —— 推行廉政,制定法典《蜀科》
- 军事 —— 提出隆中对策,辅助刘备建立蜀汉政权
- 著作 —— 《出师表》《诫子书》等

诸葛亮喜爱书法,能写多种字体,在繁杂的政务和军事活动之余,仍不忘练习书法。

诸葛亮不仅是一位杰出的政治家,他还有许多科学发明。其中,最为人熟知的就是"木牛流马",诸葛亮用它来为蜀汉十万大军运输粮

食。不过，它真实的样式现在已经失传。请你上网找一找，木牛流马的原理是什么？参考今人的复原图，考虑运输粮食的需求，你还能提出哪些改进意见？如果能画出来就更好了！

四 学名家智慧

> 诸葛连弩能一弩十矢俱发。

小小朗读者

非淡泊无以明志，非宁静无以致远。
夫学须静也，才须学也，非学无以广才，非志无以成学。
不傲才以骄人，不以宠而作威。
大事起于难，小事起于易。
鞠躬尽瘁，死而后已。

——诸葛亮

小小推广人

诸葛亮制定的法典让蜀国上到国家大事，下到百姓生活都有法可循，国家发展迅速。尝试为班级制定一份公约，让同学们明白哪些事情应该做，哪些事情不能做，可以从礼仪、卫生、纪律、学习等方面去思考。

"天可汗"唐太宗

> 他是中国历史上的一代英主,开创的"贞观之治"是中国历史上少有的太平盛世。

一 读名家故事

名家档案

姓　　名: 李世民
生活年代: 唐代(599—649)
籍　　贯: 陇西成纪(今甘肃秦安)
身　　份: 政治家、战略家、军事家、诗人、书法家,唐朝第二位皇帝
主要经历: 李世民幼时聪明机智,常有高明的见解。曾于重围中解救隋炀帝,后鼓动父亲李渊晋阳起兵反隋。李世民多次统率战役,屡建战功。626年7月2日,李世民发动玄武门之变,被册立为太子。不久,李世民继承皇位,年号贞观。他任用人才,从谏如流,对内文治天下,实现休养生息、国泰民安;对外开疆拓土,与北方各民族融洽相处,获得尊号"天可汗",为唐朝后来100多年的盛世局面奠定重要基础,是中国历史上的一代明君。649年7月10日,开创了"大唐盛世"的李世民驾崩,庙号太宗。

 **精彩故事**

太宗得鹞

一天,唐太宗在逗玩鹞(yào)子。他让鹞子在手臂上跳来跳去,玩得正高兴,魏徵进来了。唐太宗避之不及,又怕魏徵看见,就将鹞子藏在怀中。

没想到,魏徵早就看到了,禀报公事时故意说个不停。太宗不敢拿出鹞子,结果等到魏徵离开,鹞子被生生闷死了。唐太宗很生气,回宫后向长孙皇后抱怨:"魏徵这个乡巴佬,我早晚要了他的命!"长孙皇后没有迎合自己的丈夫,而是换了一套盛装,唐太宗很疑惑。长孙皇后温柔地说:"我听说上行下效,君主英明,臣子也英明。现在魏徵如此正直,说明陛下的正直影响了他,我为何不向您祝贺呢?"

唐太宗听了皇后的话,暗暗点头,日后更开明大度,爱民如子。君臣一心,开创了"贞观之治"。

 小小思想家

魏徵去世后,唐太宗伤心地说:"夫以铜为镜,可以正衣冠;以古为镜,可以知兴替;以人为镜,可以明得失。魏徵逝,朕亡一镜矣。"唐太宗的话是什么意思?从中可以看出,唐太宗是一个怎样的皇帝?

讲名家故事

据传贞观时期在李世民的治理下,社会夜不闭户,道不拾遗。

小小演说家

说起唐太宗李世民,人们会谈到他开创的太平盛世,讲起他身上发生的传奇故事,如"玄武门之变""唐太宗用马周"等。找到相关故事读一读,选择其中最感兴趣的一个故事讲给其他同学听。

三 探名家足迹

主要成就
- 对内文治天下 —— 虚心纳谏,知人善任,厉行节约,励精图治,开创"贞观之治"
- 对外开疆拓土 —— 重创高句丽。设立安西四镇与北方各民族融洽相处
- 工书法、善文辞 —— 奠定唐代书法、文学等艺术之盛

> 李世民知人善任,有房玄龄、褚遂良、尉迟恭、秦琼等名臣,你还知道贞观时期哪些名人贤士呢?

小小探索家

李世民不仅善于治理国家,还喜欢书法和文学。他制定了书法发展的各项政策,并特设教育机构——国子监。他还留下了很多优秀的诗歌作品。查阅资料,欣赏李世民的书法和诗作,从多个角度了解他的伟大成就,选取你喜欢的内容记录下来。

你还可以看一看相关影视作品,如《唐太宗李世民》《贞观之治》《新隋唐演义》等。有机会还可以到陕西省咸阳市唐昭陵看一看,进一步探究一代明君唐太宗。

四 学名家智慧

> 你听过文成公主进藏的故事吗?李世民曾用这种婚姻亲情的方式协调各民族的关系。

小小朗读者

　　正主任邪臣,不能致理;正臣事邪主,亦不能致理。惟君臣相遇,有同鱼水,则海内可安。

　　夫君者,俭以养性,静以修身。俭则人不劳,静则下不扰。人劳则怨起,下扰则政乖。

　　人欲自照,必须明镜;主欲知过,必藉忠臣。

　　今与诸公共理百姓,但有不可行,即向朕言。

——李世民

小小推广人

　　了解了唐太宗李世民的许多过人之处,你想用哪些词语来形容他呢?请把你想到的词语写下来。

"11世纪的改革家"王安石

他是一位年轻时便立下"矫世变俗"志向的改革家,他的一生也一直在践行这一点,我们一起来走近他吧!

一 读名家故事

📖 名家档案

姓　　名:王安石,字介甫,号半山
生活年代:北宋时期(1021—1086)
籍　　贯:江西抚州临川
身　　份:思想家、政治家、文学家、改革家
主要经历:王安石自幼聪慧过人,酷爱读书,具有"过目不忘,下笔成文"的本领。1042年,王安石考中进士。任地方官期间,兴修水利、扩办学校,政绩斐然。1069年,王安石任参知政事,第二年官拜宰相,主持变法。因保守派反对,1074年,王安石被罢免职位。一年后,宋神宗再次起用他,后又被罢相。心灰意冷之下,王安石来到江宁隐退。1086年,保守派得势,王安石的新法被废除,他心情郁闷,病逝于钟山。1094年,王安石获谥号"文",世称"王文公",有《临川集》等著作存世。

 **精彩故事**

"三不足"

1069年，王安石被宋神宗任命为参知政事，主持变法，相继颁发了青苗法、市易法、免役法、农田水利法等新法。同时，王安石改革科举制度，为推行新法培育人才。这些措施在一定程度上减轻了地主和豪商对农民的压迫，促进了农田水利事业的发展，国家财政状况有所改善，军事力量也得到了加强。

王安石被宋神宗重用后，保守派人物坐立不安，对王安石进行口诛笔伐。一时间，议论四起，但王安石不为所动，一心一意推行改革。宋神宗看到反对派如此强大，有些心虚。一日，他满怀忧虑地问王安石："你有没有听到'三不足'的说法？"王安石不解，回答道："没有。"神宗说："外面议论纷纷，说朝廷以为天变不足畏，人言不足恤，祖宗不足法，这是什么道理？"这"三不足"，实际上就是王安石提出的改革精神。

为了让皇帝定下心来，王安石解释道："陛下日夜操劳处理政务，没有贪图享乐，这是惧天变。陛下征询、听取他人意见，这难道不是采纳别人的话吗？可是有些人的话是没有必要理会的。如果不合理，那些人的话又有什么需要担心的呢？所以人言不足恤，并没有错。至于不死守祖宗制定的法规，本来就应这样做。仁宗皇帝在位40年，多次修改法律法规。如果律法一定，子孙就得世世遵守，祖宗为什么还要屡次变更呢？"一席话说得宋神宗心服口服。

小小思想家

王安石为了变法，几次被罢官，是什么支撑他坚定地、不顾一切地坚持变法呢？如果你是王安石，你会像他一样坚持吗？

二 讲名家故事

改变"积贫积弱"的现象是王安石变法的总方针，富国强兵是变法的总目的。

小小演说家

王安石逝世后，谥号"文"，对于文官来说，这是极大的荣誉。王安石为什么可以获得这个谥号呢？他在变法的过程中，还有哪些鲜为人知的故事？到书籍和网络上找一找，你一定能够发现王安石更多的人生经历。讲一个关于大改革家王安石的故事给大家听吧。

三 探名家足迹

主要成就
- 富国之法 —— 青苗法、方田均税法、农田水利法
- 强兵之法 —— 保甲法、将兵法、军器监法
- 取士之法 —— 改革科举制度，唯才是举

变法强兵措施扭转了北宋时期西北边防长期屡战屡败的局面。

小小探索家

王安石一生成就颇丰,不仅是杰出的政治家,也是伟大的文学家,无论诗、文、词都有杰出成就。收集王安石的诗歌,编一本诗集,并配上插图,更多地了解王安石。

四 学名家智慧

王安石的《读孟尝君传》,全文不足百字,但层次分明,议论周密,气势如虹。你读过吗?

小小朗读者

能使人知己、爱己者,未有不能知人、爱人者也。
夫材之用,国之栋梁也,得之则安以荣,失之则亡以辱。
修身洁行,言必由绳墨。
有所不为,为无不果。有所不学,学无不成。

——王安石

小小推广人

王安石变法给了我们启发,原来生活中制订计划很重要。尝试为自己制订一份一周计划,合理安排学习、运动和休息的时间。然后,根据自己的实际情况不断完善计划。

"一代天骄"成吉思汗

他被人们称作"一代天骄""世界的征服者",他创立了大蒙古国。你想了解他吗?

一 读名家故事

名家档案

姓　　名：孛儿只斤·铁木真,尊号"成吉思汗"
生活年代：南宋时期(1162—1227)
籍　　贯：蒙古
身　　份：政治家、军事家
主要经历：铁木真早年丧父,被敌对部族驱逐,投奔克烈部。后集合部众,于1189年被推举为蒙古乞颜部可汗。1204年,基本统一蒙古高原诸部。1206年春天,建立大蒙古国。此后多次发动对外战争,征服地域西达中亚、东欧的黑海海滨。1227年,成吉思汗在征伐西夏途中去世。元朝建立后,累赠谥号为"法天启运圣武皇帝",庙号太祖。

 **精彩故事**

成吉思汗和鹰的故事

有一次,成吉思汗带着部下出去打猎。他们一大早出发,可是到了中午仍没有收获,只好意兴阑珊返回帐篷。成吉思汗心有不甘,带着皮袋、弓箭以及心爱的飞鹰,独自一人上山了。

烈日当空,成吉思汗沿着羊肠小道向山峰走去。他走了很长时间,口渴得厉害,但他找不到任何水源。后来,成吉思汗来到一个山谷,看见一股溪水。他非常高兴,从皮袋里取出一只杯子,耐着性子去接一滴一滴淌下来的溪水。当水接到七八分满时,成吉思汗举起杯子。这时,一股疾风猛然把杯子从他手里吹落。

已到嘴边的水没有了,成吉思汗又急又怒。他抬头看见自己的爱鹰在头顶上盘旋,知道是它捣的鬼。尽管他非常生气,却又无可奈何,只好拿起杯子重新接水。

当水接到七八分满时,又是一股疾风把水杯弄翻了。又是爱鹰干的!成吉思汗不由得怒气冲冲:"好,你这只老鹰不知好歹,专给我找麻烦,那我就好好收拾你这家伙!"

于是,成吉思汗一声不响地拿起水杯,一滴滴接水。当水再次接到七八分满时,他悄悄取出尖刀,拿在手中,另一只手把杯子慢慢移向嘴边。老鹰果然再次向他飞来,成吉思汗迅速拿出尖刀,把鹰杀死了。然而,手中的杯子也随之掉进了山谷里。

成吉思汗无法再接水喝了,不过他想:既然有水从山上流下来,山上也许有水源。于是,他拼尽气力往山上爬去。成吉思汗终于攀上了山顶,发现那里果然有一个水潭。

成吉思汗兴奋极了,弯下身子想要喝个痛快。这时,他看见池边有一具大毒蛇的尸体,这才恍然大悟:"原来飞鹰救了我一命,它刚才屡屡打翻我杯子里的水,是让我不要喝下浸泡了毒蛇的水。"成吉思汗明白了,永远不要在发怒的时候决定任何事情。

你知道铁木真这个名字的含义吗?

 **小小思想家**

成吉思汗是一位具有世界影响力的领袖,你最欣赏他的哪些成就呢?他戎马一生,少有败绩,你认为他为什么能够屡屡获胜?

二 讲名家故事

恩格斯评价说:"成吉思汗在中世纪踏碎了欧洲人的心灵。"

小小演说家

成吉思汗是一位具有雄才大略的英雄人物,有着与常人不一样的思维与行事风格,在他身上还有哪些有趣的故事?查阅资料,选择一个印象最深的故事讲给其他同学听。

三 探名家足迹

主要成就	政治影响	统一蒙古部落,为后来元朝的建立奠定了基础
	社会影响	推进东西方文化交流和社会进步
	军事成就	四处征战,建立了横跨亚欧的蒙古帝国

小小探索家

> 成吉思汗是世界上最伟大的统帅之一。

历史记载,成吉思汗及其后继者通过几十年的征战,建立了历史上版图最大的国家,版图面积超过了3500万平方千米。找一张世界地图,用笔圈一圈、画一画成吉思汗时期的国土边界线。

成吉思汗颠沛流离、艰难困苦的童年生活培养了他钢铁般的意志。如果有时间,可以读一读《一代天骄成吉思汗》这本书,或者看一看同名电影,进一步了解他了不起的人生历程。

四 学名家智慧

> 成吉思汗要征服的西夏当时包含哪些区域呢?

小小朗读者

没有铁的纪律,战车就开得不远。

你的心胸有多宽广,你的战马就能驰骋多远。

打仗时我若是率众脱逃,你们可以砍断我的双腿;战胜时,我若是把战利品揣进私囊,你们可以斩断我的手指。

——成吉思汗

小小推广人

成吉思汗开疆拓土,战无不胜。查找资料,办一张手抄报,向更多的人介绍这位伟大的英雄。

开创"万历新政"的张居正

明朝有一位政治家,12岁考中秀才,23岁考中进士。他,就是开创了"万历新政"的张居正。

 读名家故事

 **名家档案**

姓　　名:张居正,字叔大,号太岳,幼名张白圭

年　　代:明朝(1525—1582)

籍　　贯:江陵县(今湖北荆州)

身　　份:政治家、改革家

主要经历:1525年,张居正出生于江陵县(今湖北省荆州市)一位秀才家中。小时候聪颖过人,是荆州府远近闻名的神童。1547年,23岁的张居正中二甲第九名进士。1572年,张居正担任内阁首辅。万历元年(1573),张居正上疏实行"考成法",标志着"万历新政"的开始。1582年,张居正病逝,谥号"文忠"。

 **精彩故事**

"神童"张居正

1536年，荆州府举行府试，求才心切的知府李士翱在考试前夕梦见天帝让他把一枚玉印交给一个童子。李士翱醒来感到很奇怪，结果第二天考试点名时，发现有个叫张白圭的12岁童子，聪颖机智。"昨夜梦中的童子应该就是他。"李士翱当即给张白圭改名张居正，期望他能成为国家栋梁，并以第一名的成绩录取秀才。

第二年，湖广省首府武昌举行三年一度的乡试。主考官评卷时，发现张居正的答卷超群出众，尤其他的《题竹》诗"绿遍潇湘外，疏林玉露寒。凤毛丛劲节，直上尽头竿"深得主考官的赞赏，夸他小小年纪就志向不凡。"真是南郡奇童啊！"湖广巡抚顾璘说，"张居正天赋非凡，将来的成就不可限量。"他亲自接见张居正，赞许他是国士，把他称为"小友"。

小小思想家

在当时土地兼并加剧的情况下，张居正推行了"一条鞭法"。上网查一查"一条鞭法"的具体内容，想一想，土地兼并加剧和实施"一条鞭法"之间有什么联系呢？

讲名家故事

明朝中期，土地兼并加剧，皇帝带头掠夺地产，大量置办皇庄。官僚和乡绅纷纷效仿，通过各种手段兼并土地，使大量农民失去土地，但是依附于土地的赋税并没有转移。

小小演说家

张居正的一生还有哪些精彩的故事？到书籍和网络上找一找、读一读，选择一个印象最深的故事讲给其他同学听。

三 探名家足迹

小小探索家

你知道"守制""夺情"是怎么回事吗？

张居正心系国家、鞠躬尽瘁的精神还体现在"夺情"一事上。1577年，父亲张文明去世。讣告一到，张居正立即奏请回乡"守制"。明朝规定，凡父母去世，官员要辞官解职，返回原籍守孝三年，称守制。张居正的奏请很快得到批复，神宗批示："张先生是顾命大臣，功勋卓著，朕还年幼离不开你，君恩比父情更重要。"遂下令"夺情"（剥夺大臣离职返乡守制的"私情"）。身为内阁首辅的张居正，最后回乡"守制"了吗？如果你对这段历史感兴趣，可以阅读《张居正传》，还可以参观位于湖北省荆州市的张居正故居。

四 学名家智慧

> 秋色冷疏竹，秋空点数星。
> 水光浮积素，山色漾重青。
> 泛渚惊初到，寻源喜再经。
> 鹤驯阶下影，鱼失镜中形。
> 画舸轻摇处，人称小洞庭。
> ——张居正《成趣园夜宴》

小小朗读者

《明朝那些事儿》的作者当年明月这样评价张居正："他是一个天才，生于纷繁复杂之乱世，身负绝学。他敢于改革，敢于创新，不惧风险，不怕威胁，是一个伟大的改革家。"

小小推广人

张居正在任时，力除宫廷内的奢靡腐败之风。有一次，明神宗向户部申请10万两银子，以备光禄寺御膳之用。张居正上疏据理力争，要求神宗节省"一切无益之费"。结果，明神宗不仅免除了10万两银子的开支，连宫中的上元节灯火、花灯费也免除了。

勤俭节约是中华民族的传统美德，我们要向张居正学习，践行勤俭节约的生活理念。你能列出生活中一些勤俭节约的做法吗？如离开房间随手关灯等，和同学比一比谁的"金点子"多。

小小评价员

我能获得（　　）颗星。

1. 小小思想家
☆ 仔细阅读　　☆ 专心思考　　☆ 积极回答

2. 小小演说家
☆ 查阅资料　　☆ 精选故事　　☆ 乐于分享

3. 小小探索家
☆ 广泛探寻　　☆ 合作交流　　☆ 深入研究

4. 小小朗读者
☆ 字正腔圆　　☆ 声情并茂　　☆ 主动积累

5. 小小推广人
☆ 创意想象　　☆ 实践推广　　☆ 传承精神

三 勇攀科学高峰

数星星的孩子张衡

古代有一个爱思考的小男孩，他从小喜欢观察星星，研究自然现象，长大后成了一位了不起的科学家。你知道他是谁吗？

一 读名家故事

名家档案

姓　　名： 张衡，字平子

生活年代： 东汉时期（78—139）

籍　　贯： 南阳西鄂（今河南南阳）

身　　份： 天文学家、数学家、发明家、地理学家和文学家

主要经历： 张衡自小勤奋好学，少年时便写得一手好文章。16岁，他进入当时最高学府——太学。之后，他致力于研究天文、阴阳、历算等，受到当朝皇帝的关注，被征召进京，拜为郎中。张衡一生发明无数，进行了许多科学研究工作。张衡病逝后，世人追誉为"木圣""科圣"。

 **精彩故事**

数星星的孩子

小时候，张衡是个喜欢数星星的孩子。

夏天的晚上，满天的星星像无数颗撒在夜空的珍珠。张衡坐在院子里，仰起头数天上的星星，一颗、两颗、三颗，一直数到几百颗。奶奶笑道："傻孩子，天上那么多星星，一闪一闪地乱动，你能数得清吗？"张衡说："奶奶，我能数清。星星是在动，可不是乱动。您看，这颗星星和那颗星星，总是相隔那么远。"爷爷走过来说："好孩子，你看得很仔细，天上的星星在动，可它们之间的距离是不变的。我们的祖先把星星分成一组一组的，还给它们起了名字。"

爷爷指着北边的天空说："你看，那七颗星，连起来就像一把勺子，叫北斗七星。旁边有颗很亮的星星叫北极星，北斗七星总是绕着北极星转。"

爷爷说的是真的吗？张衡想了又想，一整晚都没睡着，几次起来看星星。他看清楚了，北斗七星果然绕着北极星慢慢转，但北斗七星为什么会这样转呢？张衡百思不得其解，而爷爷也不知道原因。

于是，张衡努力读书，想从书中找到答案。白天，张衡待在书房读书，晚上就观察月亮星辰。慢慢地，张衡长大了，成了一个精通天文学的人。后来，他进入朝廷，专门研究天文历法，发明了可以预测地震的"地动仪"。

地动仪的造型很像一个酒坛。四周有八条龙，龙头朝着八个方向。每条龙的嘴里含着一颗小铜球，龙头下方蹲着一只张大嘴的蛤蟆。一个地方发生地震，那个方向的龙头就会张开嘴，将铜球吐到蛤蟆的嘴里。通过这种现象，可以预测地震发生的大致方位。

小小思想家

张衡发明的地动仪是什么样子的？它是怎样预测地震的呢？查找资料，探究其中的方法和原理吧。

二 讲名家故事

郭沫若称誉张衡："如此全面发展之人物，在世界史上亦罕见。"

小小演说家

张衡一生淡泊名利，热爱科学研究，在天文、机械技术、地震学等方面做出了巨大贡献。上网搜一搜，到图书馆查一查，了解更多关于张衡的故事，了解1000多年前在没有实验室的情况下，张衡是如何进行科学研究的，选择一个印象最深的故事讲给其他同学听。

三 探名家足迹

主要成就
- 天文学：著书阐述天地的生成、宇宙的演化、日月星辰的本质及其运动
- 科学：发明世界第一台浑天仪、地动仪
- 数学：发表著作《算罔论》
- 文学：创作《二京赋》《归田赋》，与司马相如、扬雄、班固并称"汉赋四大家"

> 张衡的著作《灵宪》，代表了中国当时的天文学研究在世界的领先地位。

小小探索家

　　张衡被人们称作"数星星的孩子"。他日复一日地观察星星，渴望发现星星的秘密。找一个晴朗的夜晚，像张衡一样，仔细观察天空的星星，把你观察到的星星画出来，再用笔连一连，看看它们会形成哪些有趣的形状。

四 学名家智慧

小小朗读者

　　不患位之不尊，而患德之不崇；不耻禄之不夥，而耻智之不博。
　　人生在勤，不索何获。
　　所贵惟贤，所宝惟谷。

——张衡

小小推广人

　　因为张衡的突出贡献，国际天文学联合会将月球背面的一座环形山命名为"张衡环形山"，将太阳系的1802号小行星命名为"张衡星"。
　　了解了张衡的故事，你是不是也对我们奇妙的大自然感到好奇了呢？请在爸爸妈妈的帮助下，尝试把生活中有趣的现象写出来，如为什么小鱼能在水下生活？为什么鸟会飞？并选择其中的一种现象展开探究，把你的研究成果记录下来。

杰出数学家祖冲之

你知道首次将圆周率精确到小数点后第七位的人是谁吗?他,就是杰出数学家祖冲之。

一 读名家故事

 **名家档案**

姓　　名:祖冲之,字文远
生活年代:南北朝时期(429—500)
籍　　贯:范阳郡遒县(今河北涞水县)
身　　份:数学家、天文学家
主要经历:祖冲之从小受到很好的家庭教育。祖父给他讲"斗转星移",父亲带他读经书典籍。家庭的熏陶,加上勤奋好学,他对自然科学、文学、哲学,特别是天文学产生了浓厚的兴趣,青年时代便有了博学的名声。462年,祖冲之编制了《大明历》,计算出圆周率。他研究机械制造,造出了"指南车""千里船"等。他写下《安边论》,建议朝廷开垦荒地,发展农业,安定民生,巩固国防,是中国历史上少有的博学多才的人物。

精彩故事

爱探究的小冲之

圆周率是一个无限不循环小数,用"π"表示,是计算圆周长、圆面积、球体积等的关键值。

祖冲之小时候不会背书,两个多月只能记住十几行,父亲生气地责骂他是"笨蛋""蠢牛"。爷爷看到了,赶忙上前制止。爷爷决定让孩子开阔眼界,增长知识,培养兴趣,带着祖冲之到乡村走亲访友,逐渐培养了他善于观察、勤于探究的性格。

一天晚上,祖冲之躺在床上,想着白天老师讲的数学:"圆周长是直径的3倍……"感觉这话似乎不对。第二天一早,他拿了妈妈绱鞋子的绳子,跑到村头的路旁等待过往的车辆。不一会儿,来了一辆马车。祖冲之叫住马车,对驾车的老人说:"老爷爷,我想用绳子量量您的车轮,行吗?"老人点点头。

祖冲之用绳子把车轮量了一遍,然后把绳子折成同样大小的三段,再去量车轮的直径。量来量去,他总觉得车轮的直径没有三分之一的圆周长。祖冲之站在路旁,一连量了好几辆马车车轮的直径和周长,得出的结论是一样的。

这是为什么呢?这个问题一直在脑海里萦绕,他决心解开这个谜。此后,经过反复演算,他终于得出了圆的周长和直径的关系:大于3.1415926,小于3.1415927。

小小思想家

我国历代都有研究天文的官员制定历法,为什么祖冲之还要研究新的历法《大明历》呢?《大明历》有哪些特别之处,最后推行了吗?

二 讲名家故事

《南史》载：冲之解钟律博塞，当时独绝，莫能对者。

小小演说家

462年，祖冲之请求宋孝武帝颁布新历，但是孝武帝听信谗言没有推行新历。究竟是谁阻挠了新历推行呢？查阅资料，把这一段历史故事讲给其他同学听。

三 探名家足迹

主要成就
- 数学方面：汇集著作《缀术》，唐朝国子监将此书定为算学教科书
- 历法方面：编制《大明历》，第一次将"岁差"引进历法
- 机械方面：发明指南车，制造出千里船、水碓磨

> 凡是牵涉到圆的问题，一般都要使用圆周率推算。

小小探索家

圆周率是怎么算出来的？你如果感兴趣，可以拿笔算一算，也可以试着背一背圆周率，感受科学结论得来的艰辛和不易。

四 学名家智慧

小小朗读者

愿闻显据，以核理实；浮辞虚贬，窃非所惧。

——祖冲之

小小推广人

祖冲之善于观察、勇于探究、坚持不懈的科学精神是我们学习的榜样。运用图画和文字，制作一张手抄报，向更多的人介绍祖冲之的杰出成就。

"药圣"李时珍

> 他一生从事医药采集、治病和研究工作,经27年临床实践、调查走访,终于撰写出医药巨著《本草纲目》。

一 读名家故事

📖 名家档案

姓　　名：李时珍,字东璧
生活年代：明朝(约1518—1593)
籍　　贯：湖北蕲春
身　　份：医学家、药学家
主要经历：李时珍自幼热爱医学,不喜欢科举考试。三次应试落榜后,他潜心钻研医学。1551年,李时珍被楚王府聘为"奉祠正",后被推荐到太医院工作。1552年,李时珍开始编写《本草纲目》,1578年完成巨著《本草纲目》,被世人称为"药圣"。

 **精彩故事**

龙峰山上探蕲蛇

数十年行医，李时珍常常翻阅医书典籍，发现古代本草书中存在不少错误，决定重新编撰一部。"读万卷书"固然重要，"行万里路"更不可少，李时珍决定深入全国各地进行调查研究。

蕲蛇，即蕲州产的白花蛇，有医治风痹、抽搐等功效。李时珍早有研究，但只是从蛇贩那里观察了解。有人提醒他，那不是真正的蕲蛇。

为了找到真正的蕲蛇，他请教一位捕蛇的人。捕蛇人告诉他，蕲蛇牙尖有剧毒，人被咬伤要立即截肢，否则就中毒身亡，在治疗上对诸病有特效。蕲州那么大，只有城北龙峰山才有真正的蕲蛇。

李时珍决心亲眼看一看蕲蛇，于是请捕蛇人带他上了龙峰山。龙峰山有个狻猊洞，周围怪石嶙峋，灌木丛生，蕲蛇喜欢吃缠绕在灌木上的石楠藤花叶。在捕蛇人的帮助下，李时珍终于亲眼看到了蕲蛇，并看到了捕蛇、制药的全过程。

就这样，《本草纲目》里有了对蕲蛇准确的描述。

小小思想家

听说有一种神奇的植物叫"曼陀罗"，人们碰到它就会情不自禁地又唱又跳。为了弄清楚这种神秘的药物，李时珍是怎样做的呢？查阅资料，学习李时珍的探究精神。

二 讲名家故事

救死扶伤的崇高医德，不盲从古训的创新勇气，刻苦钻研的坚强意志，实地深研的科学态度。

小小演说家

李时珍一生救死扶伤、为医学无私奉献的故事数不胜数，他还有哪些感人的故事呢？查一查、读一读，选择一个印象最深的故事讲给其他同学听。

三 探名家足迹

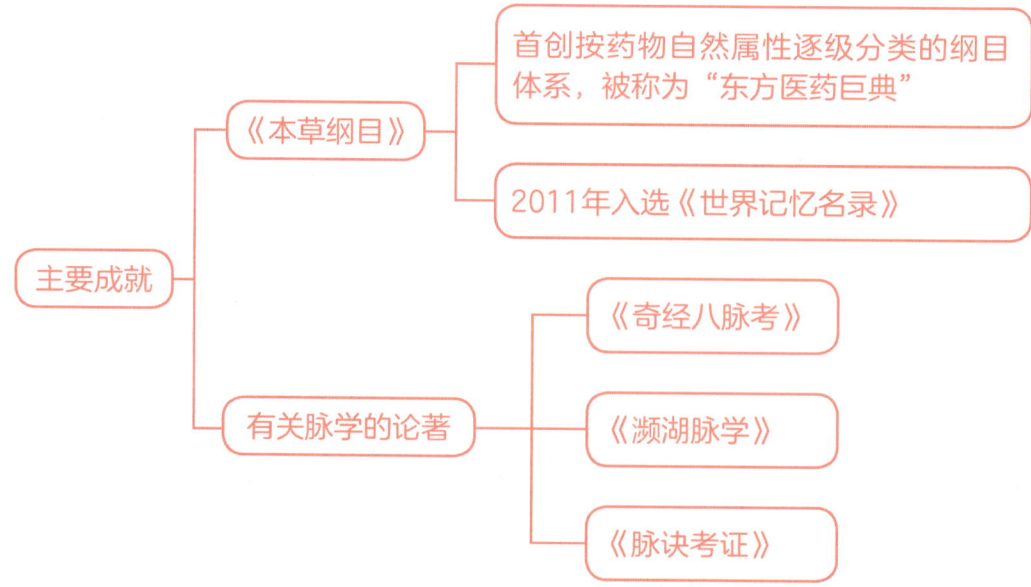

小小探索家

《本草纲目》记载药物1892种，后来新增药物374种，附图1000多幅，是中国药物学的空前巨著。达尔文称《本草纲目》为"中国古代百科全书"。找到《本草纲目》这本书读一读，看看你认识哪些中草药。把认识的中草药圈一圈，再把它的特点与药效摘录下来。

四 学名家智慧

歌曲《我爱李时珍》歌颂了李时珍的伟大精神，找到这首歌听一听、唱一唱。

小小朗读者

李时珍因为医术高超，被举荐到太医院任职，给当时的嘉靖皇帝看病。嘉靖皇帝沉迷炼丹，希望长生不老。李时珍知道，所谓的仙丹都是用水银、铅、丹砂、硫黄、锡等重金属炼取，含有毒素。他跟大家说："丹药能长寿的说法，绝不可信。"当时没有人相信李时珍，加上他无法忍受太医院里同僚迂腐的作风，知道自己如果一直待在这里将永远无法实现心愿。于是，李时珍在把太医院的医学藏书看得差不多的时候，便辞职回家了。

小小推广人

李时珍说："饮食者，人之命脉。少饮则和气行血，痛饮则伤神耗血。"他还有很多养生语录，值得我们收藏并付诸实践。请你以"药圣李时珍"为主题制作一张独具特色的书签，写一写他的养生语录，并配上相应的中草药图案。

地质学家李四光

有这样一位科学家,他长期在野外考察,练就了一身硬功夫——每跨一步正好是85厘米。这样,在野外就用不着带皮尺,只要数一下多少步,便可算出距离。

一 读名家故事

名家档案

姓　　名：李四光,原名李仲揆
生活年代：现当代(1889—1971)
籍　　贯：湖北黄冈
身　　份：地质学家、教育家、音乐家、社会活动家
主要经历：1910年,李四光毕业于大阪高等工业学校。1919年,毕业于英国伯明翰大学,获硕士学位。1920年,任北京大学地质系教授、系主任。1928年,任中央研究院地质研究所所长。1931年,获英国伯明翰大学自然科学博士学位。1950年,任中国科学院副院长、中华全国自然科学专门学会联合会主席。1951年,当选为世界科学工作者协会执行委员会副主席。1952年,任中华人民共和国地质部部长。1955年,被选聘为中国科学院院士。1956年,任中国科学院地质力学研究室主任。1958年,任中国科学院原子能委员会主任。1969年4月,被选为中国共产党第九届中央委员会委员。1970年8月,任国务院科教组组长。

精彩故事

珍爱石头的李四光

提起珍贵的石头，人们马上会想到金刚石、翡翠、白玉、玛瑙……然而，也有人珍爱一些普普通通、毫不起眼的小石头。中国著名的地质学家李四光就是这样一个人。

1942年的一天，广西大学请李四光做学术报告。李四光一边讲课，一边拿出一只小木盒，让听讲的人传看。小木盒里垫着棉花，棉花上放着一块小小的石头。没料到，报告结束时，从听众中传回来的小木盒竟然是空的，那块小石头不翼而飞了！李四光焦急地询问，可是大家都不知道小石头的下落。回到家，李四光对着空木盒发愣，晚饭也没心情吃。

广西大学领导得知李四光对那块小石头如此珍爱，深感不安。有人建议贴一张寻找小石头的布告，或许能把小石头找回来。于是，广西大学贴出了一张奇特的"寻物启事"：

李四光先生来本校做学术讲演，深受全体师生欢迎。李先生带来的一小块砾石，只是在学术研究上有价值，在使用上没有价值，因而也没有经济价值。为了不使李先生的研究工作受到影响，希望拿走那块小石头的同学放到相思洞旁边的石级上。

两天后，果真有人把那块小石头放在指定的石级上，广西大学当即派人送还李四光。李四光抚摸着失而复得的小石头，无限欣喜。

一块普通的小砾石，李四光为什么如此珍爱呢？原来，那块小砾石是李四光的学生在浙江雁荡山考察时采集到的。小石头不到1寸长，紫红色，弯曲成90度，具有非常奇特的形状。它既是研究冰川时期的重要物证，也证明了岩石的可塑性。他看重小石头的研究价值，还给这块小石头起了名字，叫"马鞍石"。

李四光从不同角度给小石头拍了照片，写了一篇文章《一块弯曲的砾石》，1946年，在英国《自然》杂志上发表。

小小思想家

国外专家认为"中国贫油",李四光是怎样进行石油勘探,发现大量石油,为中国石油工业发展建立不朽功勋的呢?

二 讲名家故事

小小演说家

2009年,李四光当选"100位新中国成立以来感动中国人物",他还有哪些感人的故事呢?查阅相关资料,选择一个印象最深的故事讲给其他同学听。

三 探名家足迹

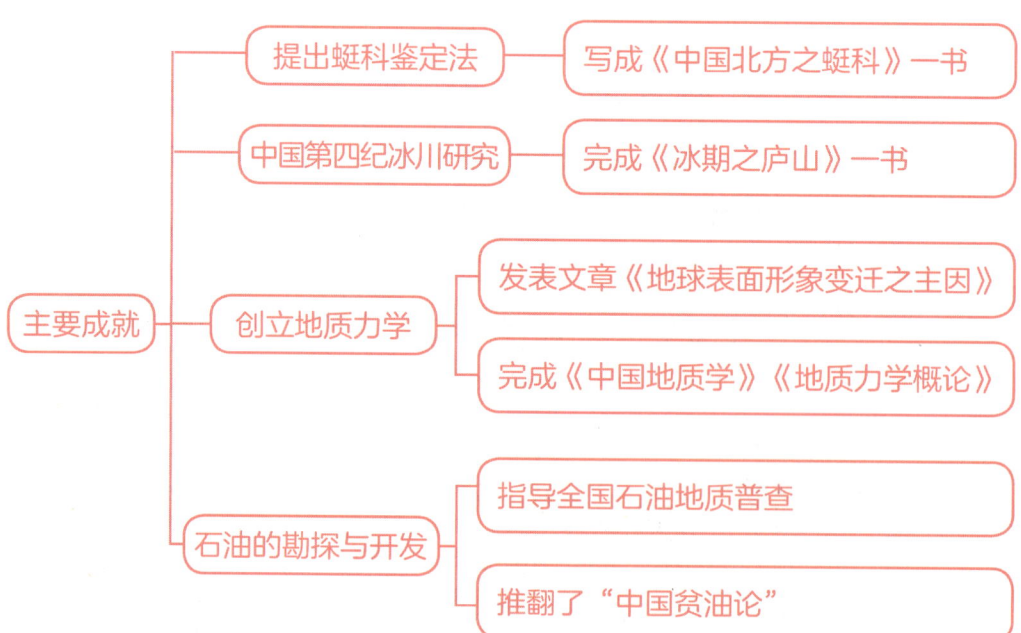

小小探索家

父亲给李四光取了个响亮的名字，叫"李仲揆"，后来为什么又叫"李四光"呢？

李四光一生珍爱石头，每次外出考察，总是带回各种石头。在我们的身边也有很多奇形怪状的石头，它们或许藏在小区的花园里，或许藏在学校操场的角落，或许藏在外出旅行的山上、河流中……只要有一双善于发现的眼睛，你也可以发现专属于你的小石头。收集小石头，与大家分享它的来历与特点。

四 学名家智慧

小小朗读者

20世纪30年代，李四光主持兴建武汉大学珞珈山新校区。在新校区落成典礼上，李四光进行了学术讲座。讲座结束后，他拿起笔，写下了"用创造的精神和科学的方法求人生的出路"。从此，"创造的精神和科学的方法"这句话激励着莘莘学子博学、慎思、笃行。

小小推广人

1988年发行的《中国现代科学家》纪念邮票第一组四名人物为地质学家李四光、气象和地理学家竺可桢、物理学家吴有训、数学家华罗庚。请你查找资料，欣赏这一组邮票。如果让你设计一张李四光的纪念邮票，你会怎么设计呢？

气象学家竺可桢

> 他是"管天之人",是中国近代地理学和气象学的奠基者,人称中国"气象学之父"。

一 读名家故事

名家档案

姓　　名：竺可桢,字藕舫
生活年代：现当代(1890—1974)
籍　　贯：浙江绍兴
身　　份：气象学家、地理学家、教育家
主要经历：1890年,竺可桢出生于浙江绍兴东关镇一个小商人家庭,幼时聪明好学。1909年,竺可桢考入唐山路矿学堂(今西南交通大学)学习土木工程。1910年,公费留美学习。1918年,获得哈佛大学博士学位。1928年,任中央研究院气象研究所所长。1936年4月,他担任浙江大学校长,历时13年。有一首诗这样评价他:"考证气候五千年,胸中聚雨又聚云。首创南京气象台,为农服务保收成。"1955年,竺可桢当选为中国科学院院士。

 **精彩故事**

第一朵杏花

一个阳光明媚的中午，竺可桢从外面回来，看到杏花开了，走近杏树数了数，一共有四朵不同程度地绽开了花瓣儿。这时，杏树的主人领着她的孩子走了过来。

"爷爷，您又看花啦？"孩子仰起脸天真地问。

"是啊，杏花开了。"竺可桢弯下腰来，习惯性地问，"你知道杏花是哪天开的吗？"

"哪天？今天开的。"孩子有些奇怪。

"我问第一朵杏花是哪天开的。"竺可桢笑呵呵地说。孩子回答不上来了，可是他不明白，为什么要知道第一朵杏花开放的时间呢？竺可桢爷爷告诉他："我有用处，明年你可要留心。"

转眼又是一年。春风吹绿了柳梢，吹皱了河水，吹鼓了杏树的花苞。

这天，竺可桢正在书房看书，窗外传来一个孩子的声音："竺爷爷！竺爷爷！"

竺可桢走出书房一看，是前院那个孩子。

"竺爷爷，杏花开啦！"

"什么时候？"

"刚才。"

"是第一朵吗？"

"是。"

竺可桢顷刻间容光焕发，他兴冲冲地快步来到前院。阳光下的杏树，绽开了第一朵杏花。多么美丽的杏花呀！竺可桢走回书房，打开笔记本，郑重地记下了这个日子——清明节。

竺可桢曾不止一次地说："我需要的是精确的时间。搞科学研究，不能使用'大概''也许'这类字眼，也不能用估计和推断代替观察。"竺可桢正是通过常年的精确观察，才掌握了气候变化的规律。

小小思想家

你知道人们评价竺可桢"考证气候五千年"和"首创南京气象台"是怎么回事吗？查阅资料，用自己的话说一说。

二 讲名家故事

小小演说家

毛泽东主席曾经对竺可桢说："你的文章写得好啊！我们有个农业'八字宪法'，只管地，你的文章管了天，弥补了'八字宪法'的不足。"竺可桢这个"管天之人"，一生还有哪些有趣的故事呢？到书籍和网络上找一找，选择一个最难忘的故事讲给小伙伴听。

三 探名家足迹

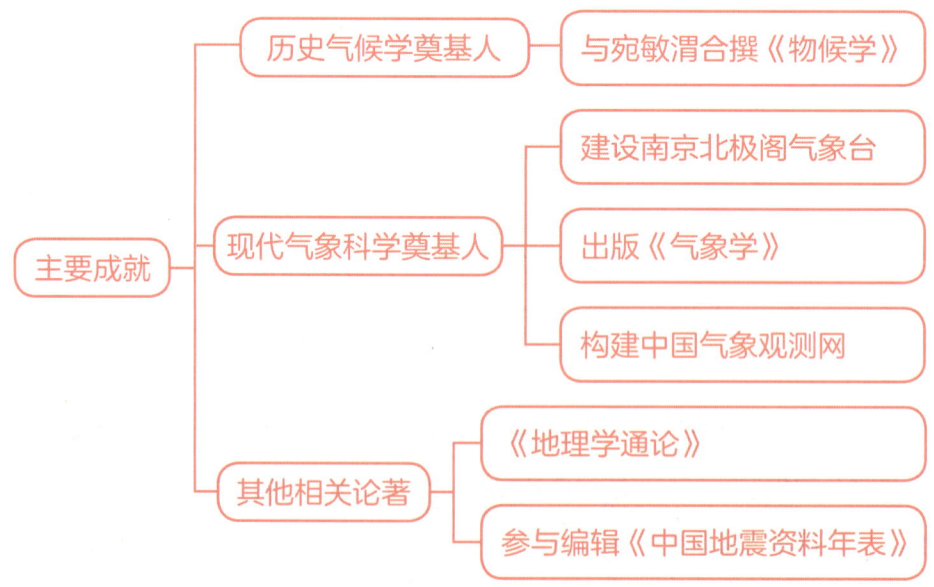

小小探索家

竺可桢的故事犹如一颗颗璀璨的珍珠,我们可以用美丽的丝线将它们串起来。查找资料,看看竺可桢爷爷到过世界上哪些地方,他到那些地方做了什么。把相关的事件标注到地图上对应的位置,探寻竺可桢爷爷一生的足迹。

四 学名家智慧

小小朗读者

竺可桢在浙江大学任校长的时候,立下了"求是"的校训,意思是探索真理。不论是科学研究,还是兴办教育,竺可桢都践行着他的两句名言:

科学家的态度,应该是知之为知之,不知为不知,丝毫不能苟且。

思想同于肌肉,多予训练,才能发达。

小小推广人

竺可桢重视物候的观察记录,每天观察记录物候和天气。你是不是也想成为这样一位科学家呢?行动起来吧,观察生活中的气候物象,写一写观察日记。

> 竺可桢是中国物候学的创始人,被人们称为大自然的记录者。

"中国桥梁之父"茅以升

> 他是新中国著名的桥梁专家。他从小立志造桥。

一 读名家故事

名家档案

姓　　名：茅以升，字唐臣
生活年代：现当代（1896—1989）
籍　　贯：江苏镇江
身　　份：土木工程学家、桥梁专家
主要经历：1916年，茅以升毕业于西南交通大学，1917年获美国康奈尔大学硕士学位，1919年获美国卡内基理工学院博士学位。回国后，他先后担任江苏省水利厅厅长、钱塘江大桥工程处处长、中国桥梁公司总经理、北洋大学校长、北方交通大学校长、铁道科学研究院院长等职。1948年，茅以升当选为中央研究院院士。1955年，他当选为中国科学院院士。1982年，他当选为美国国家工程院外籍院士。

精彩故事

从小立志造桥的茅以升

小时候，茅以升住在南京。离家不远有条河，叫秦淮河。每年端午节，秦淮河上都要举行龙舟比赛。这一天，秦淮河两岸人山人海，河面上的龙舟披红挂绿，船上岸上锣鼓喧天，热闹非凡。茅以升跟所有的小伙伴一样，端午节还没到，就盼望着看龙舟比赛了。

可是，这一年的端午节，茅以升病倒了。小伙伴们都去看龙舟比赛了，茅以升一个人躺在床上，盼望小伙伴们早点儿回来，把龙舟比赛的情景讲给他听。傍晚，小伙伴们终于回来了，茅以升连忙问："快给我讲讲，今天的场面有多热闹？"小伙伴们低着头，老半天才说出一句话："秦淮河出事了！""出什么事了？"茅以升大吃一惊。"看热闹的人太多，把秦淮河上的桥压塌了，好多人掉进了河里！"听了这个不幸的消息，茅以升非常难过。病好后，他一个人跑到秦淮河边，默默地看了断桥许久。他想：长大了，我一定要做一个造桥的人，造的大桥结结实实，永远不会倒塌！

从那以后，茅以升特别留心各式各样的桥，平的、拱的、木板的、石头的。出门的时候，不管看到什么样的桥，他都要上下打量，仔细观察，回到家把看到的桥画下来。读书看报遇到有关桥的内容，他也细心地收集起来。天长日久，他积累了很多造桥的知识。他勤奋学习，刻苦钻研，终于实现了自己的理想，成为著名的桥梁专家。

小小思想家

1916年，茅以升20岁，一些朋友劝他留在美国，茅以升说："科学虽然没有祖国，但科学家是有祖国的。我是一个中国人，我的祖国需要我，我要回去为祖国服务！"听了茅以升的这句话，你有什么感受？

二 讲名家故事

茅以升桥梁建设的科学创见,被称为"茅氏定律"。

小小演说家

茅以升一生好学深思、勇于创新,他还有哪些感人的故事呢?通过网络,或者到图书馆查一查,选择一个印象最深的故事讲给其他同学听。

三 探名家足迹

主要成就		
	主持修建钱塘江大桥	中国自行设计并建造的第一座铁路、公路两用的现代化大桥
	主持设计武汉长江大桥	中国第一座跨越长江的大桥,打通贯穿南北的交通大动脉
	土力学学科的开拓者	土力学学科的创始人和倡导者
	编写著作	《中国古桥技术史》《茅以升科普创作选集》等

小小探索家

钱塘江是著名的险恶之江，水文地质条件极为复杂。民间有"钱塘江上架桥——办不到"的谚语。查阅资料，了解茅以升是怎样克服重重困难建造钱塘江大桥的。

> 茅以升曾采用"射水法""沉箱法""浮运法"等，解决造桥技术难题。

如今，大大小小的桥梁已成为我们生活的一部分。留心观察身边各式各样的桥，用相机把它们拍下来，和同学一起举办一场桥梁摄影展览。

四 学名家智慧

> 学习要有方法，要有计划，才能事半功倍。

小小朗读者

困难只能吓倒懒汉和懦夫，而胜利永远属于敢于攀登科学高峰的人。

人的大脑和肢体一样，多用则灵，不用则废。

——茅以升

小小推广人

中国杭州湾大桥、港珠澳大桥等跨海大桥攻克一项项世界难题，巍然屹立在世人面前。如果你是一名桥梁专家，你想设计一座什么样的桥梁呢？运用身边的材料，建造一座专属于你的桥梁模型，做完后为它取一个响亮的名字。

"火箭之王"钱学森

"五年归国路，十年两弹成。"他在科学的道路上披荆斩棘、阔步向前，开创了祖国的航天事业。

一 读名家故事

名家档案

姓　　名：钱学森
生活年代：现当代（1911—2009）
籍　　贯：浙江杭州
身　　份：空气动力学家、科学家、中国航天事业奠基人
主要经历：1934年，钱学森毕业于交通大学机械工程系，1939年获得美国加州理工学院航空和数学博士学位。曾任加州理工学院副教授、麻省理工学院教授，在美国从事空气动力学、固体力学和火箭、导弹等领域研究。1955年10月，钱学森历尽艰辛回到中国。1957年，当选为中国科学院院士，并先后担任中国科技大学近代力学系主任、中国科学院力学研究所所长、中国人民解放军国防科学技术委员会副主任、中国科学技术协会主席等重要职务。1991年，荣获"国家杰出贡献科学家"荣誉称号。1994年，当选为中国工程院院士。1999年，荣获"两弹一星功勋奖章"。

精彩故事

一张96分的试卷

在上海交通大学的图书馆里，珍藏着一张96分的水力学试卷，这张试卷的主人就是钱学森。在这张普通试卷的背后，有一个感人的故事。

钱学森在上海交通大学就读时，品学兼优，各门学科都在90分以上。一次水力学考试，钱学森答对了所有的题，任课的金老师很高兴，给了他100分的满分成绩。但钱学森却发现自己答题时把一处符号"Ns"写成了"N"。钱学森主动把这个小错误告诉了金老师，金老师把100分的试卷改成96分。

金老师一直保存着爱徒的试卷，即使在战乱的迁徙中也放在行李箱中。20世纪80年代，钱学森回到母校，金老师拿出了这份珍贵的试卷，钱学森将其赠予母校。这张小小的试卷折射出一位世界著名科学家对自己的严格要求，对学习、科研一丝不苟与虚心诚实的态度。

一封辗转万里的"求救信"

1955年，被美国当局软禁的钱学森日夜思念祖国。当时，美国联邦调查局长期派人跟踪监视钱学森，密切关注他的一切行踪。钱学森想与中国政府取得联系简直是难于登天，但是他挚爱祖国的赤子之心从未改变。

一天，钱学森在报纸上看到了时任人大常委会副委员长陈叔通的名字，兴奋不已！原来，陈叔通先生是钱学森父亲钱均夫的好友。为了与中国政府取得联系，钱学森给陈叔通写了封信，妻子蒋英用左手模仿儿童的笔迹，在信封上写下侨居比利时的妹妹蒋华的地址，以此躲过美国联邦调查局的审查，趁跟踪的特工不注意，迅速将信投进了邮筒。这封信几经辗转，终于到达陈叔通的手上。陈叔通看到信后，立即交给了周恩来总理。

中国政府对钱学森归国这件事非常重视，与美国进行了多次交涉。几经谈判，钱学森终于在中国政府的帮助下回到了祖国。

小小思想家

钱学森本可以在美国过上优越舒适的生活,他为什么历尽艰辛一定要回到当时一穷二白的中国呢?如果你是钱学森,你会怎么选择?

二 讲名家故事

钱学森被誉为"中国航天之父""中国导弹之父"。

小小演说家

美国海军部次长金布尔曾这样评价钱学森:"无论在哪里,钱学森都抵得上五个师的兵力。"毛泽东主席评价:"钱学森对于新中国,绝对要胜过五个师。"查一查相关资料,了解更多关于钱学森的故事,选择一个印象最深的故事讲给大家听。

三 探名家足迹

主要成就
- 航天方面：指挥发射中国第一颗人造地球卫星、第一颗返回式卫星
- 国防方面：组建我国第一个火箭、导弹研究机构,参与近程导弹、中近程导弹和中国第一艘核动力潜艇的研制
- 科研方面：创立物理力学和工程控制论两大新兴学科

小小探索家

钱学森的一生充满了传奇色彩。在艰苦的岁月里,他是如何不屈奋战、在科学研究的道路上勇敢前行的?通过网络搜索或者查阅图书等途径走近钱学森,去探寻他一生的足迹,根据他一生的主要经历和成就制作一个专属于他的时间轴。

四 学名家智慧

正确的结果,是从大量错误中得来的,没有大量错误做台阶,也就登不上最后正确结果的高峰。

小小朗读者

钱学森在祖国最需要的时候毅然回国,为我国军事领域和航天领域的发展作出了重要贡献。回国后的钱学森曾这样说:"我很高兴能回到自己的国家,我不打算再回美国。今后我将竭尽全力,和中国人民一道建设自己的国家,使我的同胞过上有尊严的幸福生活。"

小小推广人

钱学森热爱祖国、勇于创新、刻苦钻研的精神值得我们永远铭记,请为他制作一份专属海报,展示他的伟大成就,表达我们对这位伟大科学家的崇敬之情。

中国"克隆之父"童第周

> 你知道金鱼和鲫鱼的宝宝是什么样子的吗？有一位科学家能回答这个神奇的问题，他就是童第周。

一 读名家故事

名家档案

姓　　名：童第周
生活年代：现当代（1902—1979）
籍　　贯：浙江鄞县（今浙江宁波鄞州区）
身　　份：生物学家、教育家、社会活动家
主要经历：1923年，童第周考入复旦大学哲学系；1930年，到比利时布鲁塞尔大学留学，在生物学领域获得震惊国际同行的成就。1934年，童第周获博士学位。他不惧战争的危险，毅然放弃国外优厚的待遇回到中国，任国立山东大学生物系教授。1950年，他筹建中国科学院水生生物研究所青岛海洋生物研究室。1955年，当选为中国科学院院士。1957年，任中国科学院海洋生物研究所所长。20世纪60年代初，运用细胞核移植技术培育出"童鱼"。1978年，任中国科学院副院长。

精彩故事

神奇的"童鱼"

小时候,童第周好奇心特别强,脑子里装满了为什么。一天,他在屋檐下玩"跳房子"的游戏,突然发现石板上整整齐齐排列着一行手指头大的小坑。咦,这是谁凿的?凿这一溜小坑有什么用呢?他把父亲从屋里拽了出来,接连问了几个为什么。父亲笑着说:"小傻瓜,这些小坑不是人凿的,是檐头水滴出来的!"童第周不相信:"爸爸骗人!檐头水滴在头上一点也不疼,能在那么硬的石板上滴出小坑来?"

父亲耐心地解释:"一滴水当然滴不出坑来,但是,长年累月不断地滴,不但能滴出坑来,而且还能敲出洞来呢。古人老话'水滴石穿'呀!""水滴石穿",这是父亲对童第周的勉励。事实上,童第周就是这样,身体力行实践这种精神,以顽强的毅力向着科学的高峰登攀。

春天是金鱼繁殖的季节,为了探索生物遗传的奥秘,年过花甲的童第周研究起小金鱼和小鲫鱼来。小金鱼能长出和小鲫鱼一样的尾巴吗?带着这个疑问,他把鲫鱼卵的DNA注入金鱼受精卵,想看看新生的金鱼宝宝会有什么样的变化。

实验从清晨做到下午2点。8个小时过去了,实验台前的童第周早已腰酸背痛、饥肠辘辘,但是,他仍然一丝不苟地操作着,以水滴石穿的精神耐心地等待着。他的学生心疼不已,此时的童第周已经是位60多岁的老人了啊!"童老,您休息一会儿吧!"一位学生忍不住说道。童第周摇摇头说:"应该记住,我们的事业需要的是手,而不是嘴!而且,你们不是和我一样忙吗?"童第周就是这样,以身作则,严格要求自己。

金鱼宝宝们慢慢长大,童第周惊奇地发现,有三分之一的金鱼宝宝长出了和小鲫鱼一样的尾巴,这说明细胞质对生物的遗传形态有着重要的作用。后来,生物学界把这种神奇的小鱼命名为"童鱼"。这项实验为我国的克隆技术研究奠定了基础,童第周因此被称为中国"克隆之父"。

小小思想家

童第周为什么能发现生物遗传的奥秘呢?檐头水的故事对童第周的一生产生了怎样的影响?

二 讲名家故事

《一定要争气》讲述了童第周青少年时期勤奋学习、刻苦钻研的故事。

小小演说家

科学家们称赞童第周："他鞠躬尽瘁，把一生都无私地奉献给了祖国的生物科学和海洋事业，真正实践了他'有生之年，为国家、为人民多做工作'的入党誓言。"

童第周有多项研究成果是和他的夫人叶毓芬一同完成的，人们称赞他们是中国的"居里夫妇"。查一查，了解他们夫妻共同研究的故事，选择一个你最喜欢的故事与小伙伴分享。

三 探名家足迹

主要成就
- 实验胚胎学方面
  - 揭示了胚胎发育的极性现象
  - 创立了鱼类细胞核移植技术
  - 率先培育出具有"发育全能性"的"童鱼"
- 海洋科学研究方面
  - 筹建新中国第一个海洋科学研究机构
- 生物学著作
  - 《追求生命真相》《鱼类细胞核的移植》

小小探索家

20世纪70年代，画家吴作人的《睡莲金鱼图》生动地再现了童第周创造的生命科学奇迹。在网上找到这幅图看一看，画中的金鱼有什么不同？哪条鱼是童第周创造的"童鱼"？拿出七彩画笔，画一画可爱又奇特的"童鱼"。

四 学名家智慧

童第周的治学箴言，是他取得成功的秘诀。

小小朗读者

一分时间，一分成果。对科学工作者来说，不是一天八小时，而是寸阴必珍，寸阳必争！

科学世界是无穷的领域，人们应当勇敢去探索。

世上没有天才，天才是用劳动换来的。

——童第周

小小推广人

想成为伟大的科学家，就要从探究身边的生活做起。用善于发现的眼睛，去观察大自然，小鱼、小花、昆虫……拿起相机拍下看到的生物，仔细研究它们吧。

"两弹元勋"邓稼先

"我愿意!只要国家有需要,我就一定要站出来。"你知道这个一心为国家的科学家是谁吗?

一 读名家故事

名家档案

姓　　名:邓稼先
生活年代:现当代(1924—1986)
籍　　贯:安徽怀宁
身　　份:核物理学家、科学家、"两弹元勋"
主要经历:邓稼先读书求学期间,深受爱国救亡运动的影响。1937年北平沦陷后,他秘密参加抗日聚会,并于1941年考入西南联大物理系。1948年,他在美国普渡大学留学,获得物理学博士学位后毅然回国。邓稼先将自己的一生都奉献给了祖国的核科学事业。在一次试验中,邓稼先受到核辐射,患上癌症,1986年7月29日在北京逝世,享年62岁。

 **精彩故事**

鞠躬尽瘁,死而后已

1958年秋,二机部副部长钱三强找到邓稼先说:"稼先同志,现在国家要放一个'大炮仗',您是否愿意参加这项严格保密的工作?"邓稼先毫不犹豫地说:"我愿意!只要国家有需要,我就一定要站出来。"

邓稼先回家对妻子说要调动工作,不能再照顾家庭和孩子,通信也困难。妻子默默地表示支持。

从此,邓稼先的名字在刊物和对外联络中消失了28年,他的身影只出现在戒备森严的机关大院和大漠戈壁中。

1979年,在一次航投试验时出现降落伞事故,原子弹坠地摔裂。邓稼先深知危险,却抢上前把摔破的原子弹碎片拿到手里仔细检验。身为医学教授的妻子知道邓稼先"抱"了摔裂的原子弹,在丈夫回北京时强行拉他去检查,结果显示他的骨髓已侵入放射物质,导致肝脏受损。即便如此,邓稼先仍坚持回核试验基地继续试验研究。步履艰难之时,他还坚持自己装雷管,并以院长的权威命令他人:"你们还年轻,你们不能去!"

1985年,邓稼先离开罗布泊回到北京。医生通知他患上癌症,要住院治疗。他无力地倒在病床上,面对妻子和大家的安慰,平静地说:"我知道这一天会来的,但没想到它来得这样快。"

去世前的一个月,邓稼先躺在病床上,拉着妻子的手说:"如果有下辈子,我还会选择中国,选择核导弹事业,选择你。"

"鞠躬尽瘁,死而后已",邓稼先一生为核导弹事业奋斗,为挚爱的祖国献出了自己的一切。

 **小小思想家**

邓稼先为什么被称为"两弹元勋"?是什么原因让学有所成的邓稼先一心要回到祖国?

二 讲名家故事

> 我不爱武器，我爱和平，但为了和平，我们需要武器。
> ——邓稼先

小小演说家

著名物理学家杨振宁这样评价邓稼先："稼先为人忠诚纯正，是我最敬爱的挚友。他无私的精神与巨大的贡献是你的，也是我的永恒的骄傲。"

邓稼先把一生都奉献给了祖国的核导弹事业，在他身上，还发生了哪些感人的故事呢？上网查一查，选择一个印象最深的故事讲给身边的小伙伴听。

三 探名家足迹

- 主要成就
  - 中国核武器研制的开拓者和奠基者
  - 核武器研发：领导完成了中国第一颗原子弹和氢弹的研制与试验工作
  - 理论著作：《我国第一颗原子弹理论研究总结》等核武器理论开创性的基础巨著

> 他像古城的阳光，亮而不刺；像秦岭，伟岸而不张扬。

小小探索家

通过网络搜索或者查阅图书等途径走近邓稼先，了解他是如何勤奋求学，又是如何在核导弹研究的道路上勇敢前行的。了解邓稼先的感人故事后，拿起笔，把最想对他说的话写下来。

四 学名家智慧

小小朗读者

邓稼先在祖国最需要的时候毅然回国，他说："如果要我再来一次的话，我还愿意再做中国西部戈壁滩上那一朵小小的马兰花！用我全部的生命凝聚成那一瞬间的光芒，用它照亮这脚下生我养我的土地，用它照亮这土地上繁衍生息的民族，用它照亮这民族用血与火所浇铸的共和国。"

小小推广人

"核武器""核电""核动力"……进入21世纪，中国的核科学事业进入更为广阔的研究领域。请你选择其中一个方面，了解中国核工业的现状，探究世界核工业的发展，与小伙伴分享探究成果。

"杂交水稻之父"袁隆平

他被人们称为杂交水稻育种专家、杂交水稻研究开创者,"杂交水稻之父",他解决了中国人的温饱问题。

 一 读名家故事

 **名家档案**

姓　　名：袁隆平

生活年代：现当代（1930—2021）

籍　　贯：江西九江

身　　份：农业科学家、杂交水稻研究领域的开创者和领导者

主要经历：1953年毕业于西南农学院。1971年，袁隆平到湖南省农业科学院工作。50年来，他在农业科研第一线辛勤耕耘，相继攻克技术难关，成功培育并推广杂交水稻，不断提高水稻产量。1995年，被评选为中国工程院院士。2000年，获首届国家最高科学技术奖。2006年，当选为美国国家科学院外籍院士。2019年，袁隆平被授予"共和国勋章"。2020年，袁隆平团队培育的海水稻实现大面积种植。

 精彩故事

一粒种子改变世界

小时候的袁隆平充满好奇心,喜欢追根究底,总能提出老师都回答不了的问题。老师们常常说:"袁隆平,你别胡思乱想!"好奇的袁隆平才不听呢,没有答案,就自己去寻找答案。

6岁那年,袁隆平和同学们参观了一个园艺场:金黄的梨子挂满枝头,紫红的葡萄挂在架上,四处开满了鲜花。这个园艺场在袁隆平心中种下了一个美丽的田园梦,从那时起,他就特别喜欢大自然,盼着长大以后能去学农。

1953年8月,袁隆平从农学院毕业,来到湖南一所偏远的农校工作。在这里,他一边教书,一边带学生做试验。为了帮农民提高粮食产量,他们研究红薯和南瓜。有一回,竟然种出了一个超级大红薯。

1959年至1961年是三年困难时期,全国闹饥荒。看着人们挨饿,袁隆平非常痛心。他暗暗下定决心,一定要让人们吃饱饭。一天晚上,他梦见水稻长得像高粱那么高,颗粒像花生米那么大,他和朋友们坐在稻穗下乘凉……

美好的"禾下乘凉梦"给了袁隆平莫大的鼓励。袁隆平大量查阅资料,进行水稻杂交试验。听说农民翻山越岭去别的村庄换稻种,他十分好奇:"为什么要去换种子呢?"农民说:"多施肥不如勤换种,这是老祖宗留下来的经验呀!袁老师,你要是能帮我们培育高产种子,那该多好呀!"袁隆平意识到了农民的迫切需求,那就是高产的水稻种子。此后,袁隆平不顾风吹日晒,蹲在稻田里寻找长势特别好的水稻。一天、一个星期,转眼半个月过去了……袁隆平一无所获,可他没有放弃。终于,在观察了上万株水稻后,1961年7月的一天,袁隆平惊喜地发现了一株长得特别好的水稻,稻穗上共有230颗谷粒!他高兴极了,给这株水稻取名"鹤立鸡群"。

第二年,袁隆平满怀期待地种下了"鹤立鸡群"的种子,认真施肥、除草,天天盼着丰收。收获的季节到了,可稻株们的表现很不好。袁隆平没有失望,他反复琢磨,寻找稻株表现不好的原因。一晃,又是几年过去了,直到1970年10月,在海南的一处荒野里,袁隆平的助手找到了一株天然雄性败育野生稻,身在北京的袁隆平立刻赶回海南。后来,这株野生水稻被取名为"野败",它成了杂交水稻的好妈妈。1973年,杂交水稻研究获得成功:产量大大提高,一举解决很多人吃不饱饭的问题。

 **小小思想家**

读了袁隆平的故事,你知道他的"禾下乘凉梦"是什么了吗?为了这个美丽的梦想,他付出了哪些行动呢?你对此有哪些感想?

二 讲名家故事

联合国粮农组织官员、国际水稻研究所所长斯瓦米纳森曾这样评价他:"我们把袁隆平先生称为杂交水稻之父,他是当之无愧的!他的成就不仅是中国的骄傲,也是世界的骄傲。他的成就给世界带来了福音!"

小小演说家

说到袁隆平,国人无不心生崇敬,是他让中国人的温饱问题得到真正的解决。袁隆平还有哪些传奇的故事?查阅这些故事,选择一个印象最深的故事讲给其他同学听。

三 探名家足迹

```
              ┌── "三系法"杂交水稻
              │
         水稻研究── "两系法"杂交水稻
              │
              ├── 超级杂交水稻技术体系
              │
              └── "种三产四"丰产工程
主要成就──┤
              │   ┌──《水稻的雄性不育性》
              │   │
         理论著作──《杂交水稻培育的实践和理论》
              │   │
              │   └──《杂交水稻制种与高产的关键技术》
              │
              └── 世界上第一个成功利用水稻杂种优势的科学家
```

 **小小探索家**

你知道中国的粮食能自给自足吗?

你知道什么是海水稻吗?研究种植海水稻有哪些重大意义呢?袁隆平院士团队在海水稻研究领域取得了哪些成果?展开探索,把收集到的信息做成内容丰富的简报。

四 学名家智慧

袁隆平一生有两个梦想——"禾下乘凉梦"和"杂交水稻覆盖全球梦"。

小小朗读者

袁隆平曾这样说:"目前中国种植的水稻颗粒饱满,亩产量能达到千斤,但是只要掉了一穗,我都非常心疼,每一穗都要下很大的功夫,粮食来之不易。"他对待粮食,就像对待自己的孩子一样爱惜。

小小推广人

在袁隆平看来,"水稻专业是一门应用科学,电脑里长不出水稻,书本里也长不出水稻,要种出好水稻必须得下田"。因此,他下田就跟吃饭一样频繁,一年365天,几乎90%的时间都在田里。在将近90岁高龄的时候,他依然"管不住"迈向稻田的腿,"收不住"向着水稻的心。你知道袁隆平每天在田里都做哪些工作吗?通过网络搜索获取相关信息,与他一起感受下田的快乐。想象一下,如果你与袁隆平相处一天,会发生哪些有趣的事情呢?让我们拿起笔,展开想象,写一写"我与袁隆平爷爷相处一天"的故事。

小小评价员

我能获得（　　）颗星。

1. **小小思想家**
   ☆ 仔细阅读　　☆ 专心思考　　☆ 积极回答

2. **小小演说家**
   ☆ 查阅资料　　☆ 精选故事　　☆ 乐于分享

3. **小小探索家**
   ☆ 广泛探寻　　☆ 合作交流　　☆ 深入研究

4. **小小朗读者**
   ☆ 字正腔圆　　☆ 声情并茂　　☆ 主动积累

5. **小小推广人**
   ☆ 创意想象　　☆ 实践推广　　☆ 传承精神

四 屹立文学之巅

"楚辞之祖" 屈原

他是中国浪漫主义文学奠基者，是伟大的爱国主义诗人，端午节因他诞生。

一 读名家故事

 **名家档案**

姓　　名：屈原，芈姓，屈氏，名平，字原
生活年代：战国时期（约公元前340—公元前278）
籍　　贯：楚国秭归（今湖北宜昌秭归）
身　　份：诗人、政治家、文学家
主要经历：公元前321年，秦军犯境，屈原组织力量抗击，巧用战术给敌人沉重打击，展示了非凡的军事才能。屈原立志报国为民，很得楚怀王的信任。公元前319年，屈原升任左徒，很多内政、外交大事都由屈原做主。以公子子兰为首的楚国贵族对屈原心怀嫉恨，常在怀王面前说屈原的坏话，怀王对屈原渐渐疏远。公元前304年，屈原被流放汉北。公元前294年，屈原再次被流放到南方的荒蛮地区。公元前278年，秦国攻破楚国国都，屈原自沉于汨罗江，以身殉国。

 精彩故事

端午节的由来

战国时期，楚国大夫屈原屡次劝楚怀王联合齐国共同抗秦，但是楚怀王只听信被秦国张仪贿赂的靳尚和公子子兰的话，还亲自出使秦国，结果被扣押咸阳，公元前296年卒于秦国。

太子横被立为国君，成为楚顷襄王。他重用靳尚、公子子兰。屈原担心楚国命运，不断劝说顷襄王远离小人，收罗人才，操练兵马，振兴楚国。靳尚、公子子兰把屈原看作眼中钉，在顷襄王跟前编造屈原的不是。顷襄王把屈原革职，流放湘南（今湖南洞庭湖一带）。

屈原看到秦国掠走楚国土地，老百姓一年到头辛辛苦苦种地，还是经常受冻挨饿，遇到天灾人祸，常常妻离子散，家破人亡。他痛苦不堪，挥笔写下了著名的《离骚》。

转眼十几年过去了，屈原还没有等到楚王召他回去的消息。有人劝他说："你何必留在楚国受这份罪呢？"屈原说："我怎能扔下家乡，扔下父母之邦啊！鸟飞倦了，想回到自己的老枝上歇息；狐狸死了，头还向着洞穴所在的山丘呢！救国的道路漫长，我不能离开楚国，我要寻找救国之路。"

公元前278年，秦国大将白起攻下楚国鄢郢二城。62岁的屈原听到这个消息，放声大哭。他不愿看着楚国灭亡，决心和楚国共存亡。

五月初五那天，屈原抱着一块大石头，跳进了汨罗江。附近的渔民赶紧划着小船去救屈原，可是江水浩浩，哪儿有屈原的影子呢？人们划着船在江面上祭奠屈原，把竹筒里的米饭撒在江中，把小船改为龙舟在江上竞渡。

就这样，五月初五端午节，成为中华民族的传统节日之一。

小小思想家

屈原为什么被疏远、被流放也不愿意离开楚国呢？你想对他说些什么？

二 讲名家故事

小小演说家

毛泽东主席说:"屈原的名字对我们更为神圣。他不仅是古代的天才歌手,而且是一名伟大的爱国者,无私无畏,勇敢高尚。他的形象保留在每个中国人的脑海里。无论在国内国外,屈原都是一个不朽的形象。我们就是他生命长存的见证人。"

屈原创立了"楚辞"文体,找到《楚辞》这本书,试着读一读。查阅相关资料,了解更多关于屈原的故事,选择一个印象最深的故事与其他同学分享。

三 探名家足迹

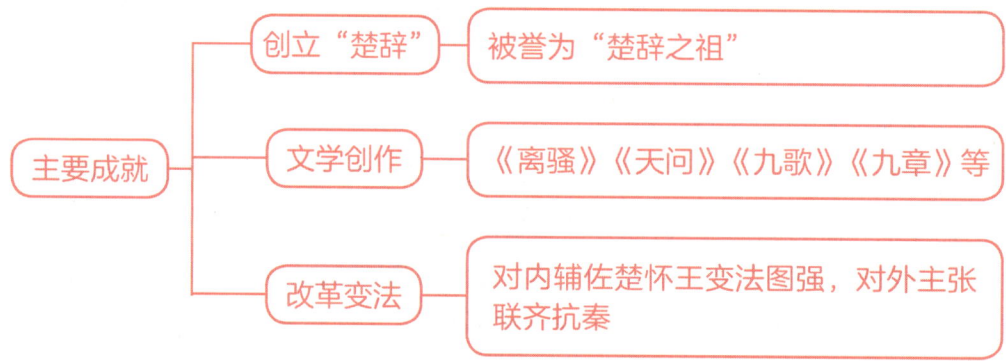

小小探索家

你知道故事中的鄢郢、咸阳、汨罗江在今天的什么地方吗?通过网络搜索、查阅图书等途径,找一找、写一写,探寻屈原一生的足迹。

四 学名家智慧

> 屈原以国家和人民的利益为重,不畏权贵,坚决反对腐败。

小小朗读者

路漫漫其修远兮,吾将上下而求索。
闭心自慎,终不失过。
举世皆浊我独清,众人皆醉我独醒。

——屈原

> 屈原的作品为什么有"屈赋"之称呢?

小小推广人

了解了屈原的一生,我们不仅敬佩他的政治抱负和文学才华,更为他的爱国情怀所震撼。让我们向伟大的爱国诗人学习,为祖国发展贡献一份力量,参加一项志愿活动,留下精彩瞬间。

 # "历史之父"司马迁

> 从你开始,中国历史的每一页都浸润着生命的热血;历史长卷中,因你而添了一片赤胆忠心。让我们一起走近司马迁,聆听历史的声音……

 读名家故事

 **名家档案**

姓　　名:司马迁,字子长
生活年代:西汉(公元前145或前135—?)
籍　　贯:夏阳(今陕西韩城,另说今山西河津)
身　　份:史学家、文学家、思想家
主要经历:司马迁年少时跟随著名思想家董仲舒学习,漫游各地,了解风俗,采集传闻。其父司马谈是西汉著名史学家,曾任太史令。公元前110年,司马谈病逝。公元前108年,司马迁任太史令,著述历史。后来,他因帮战败降敌的李陵辩解而入狱,受尽折磨。出狱后,司马迁任中书令。他忍辱负重,历时约13年完成巨著《史记》,被后世尊称为"太史公""历史之父"。

精彩故事

司马迁发愤写《史记》

司马迁的父亲司马谈任太史令时,接触到大量文献,立志撰写一部通史。公元前110年,司马谈随同汉武帝赴泰山封禅,途中病重。弥留之际,他对赶来探望的儿子司马迁殷殷嘱咐:"吾儿一定要继承吾之遗志,写出一部史书。"

父亲逝世后,司马迁继任太史令,立志完成父亲编撰史书的愿望。公元前104年,司马迁开始了《史记》的创作。

公元前99年,名将李陵在与匈奴的一次会战中寡不敌众,降于匈奴。汉武帝对李陵降敌之举非常愤怒,群臣也纷纷声讨李陵的罪过,唯有司马迁为李陵辩解。汉武帝大怒,司马迁因此被定罪,被捕入狱,遭受宫刑,身体和精神上都受到极大的打击。但是司马迁心怀父亲的遗愿,面对酷刑毫不退缩。出狱后,司马迁忍辱负重,继续编撰史籍。公元前91年,他完成了中国第一部纪传体通史——《史记》。

> 《史记》原名《太史公书》,被公认为史书的典范,被誉为"史家之绝唱,无韵之离骚"。

小小思想家

司马迁因李陵事件遭受酷刑,受尽世人的轻蔑与侮辱,忍受着身心的双重痛苦,是什么支撑着他坚持完成《史记》的著述呢?用自己的话说一说。

二 讲名家故事

《史记》全书52万余字,讲述了从黄帝到汉武帝太初年间上下三千多年的历史。

小小演说家

《史记》一书中记载了许多历史上著名的人物,有一代帝王秦始皇、汉武帝;有家喻户晓的朝臣管仲、晏婴、萧何;有百战百胜的名将韩信、卫青、霍去病……选取《史记》中最感兴趣的人物,读一读,把他们的精彩故事讲给小伙伴听。

三 探名家足迹

主要成就	创立通史体裁	创作中国第一部纪传体通史《史记》,与《资治通鉴》并称"史学双璧"
	建立史学独立地位	史学在中国学术领域取得独立地位
	建立史学文学传统	《史记》为后代文学发展奠定基础

小小探索家

司马迁的人生经历和史学成果都与"游"字密切相关。他的一生主要有三次游历：一是二十壮游，二是奉使巴蜀以南之游，三是扈从汉武帝之游。这些游历丰富了他的历史知识和生活经验，使他的学识得到了锤炼与升华。查阅相关资料，看看司马迁一生去过哪些地方游历，试着在地图上把这些地方标示出来。

四 学名家智慧

> 《史记》的叙事方式和人物描写方法，对后世文学的创作影响巨大。

小小朗读者

司马迁在《报任安书》一文中说："人固有一死，或重于泰山，或轻于鸿毛。"短短15个字，阐述了人生在世的意义，成为无数仁人志士的座右铭。

小小推广人

"华夏史笔惟司马，关中文物最韩城。"司马迁的故乡在今天的陕西省韩城市。请你结合司马迁的生平经历，围绕"名人故里"这一主题为韩城市设计一张城市名片，让更多的人了解司马迁和他的故乡。

"隐逸诗人"陶渊明

有一位诗人与菊花结下了不解之缘,被称为"菊花花神",一提到菊花人们就想到了他,你知道他是谁吗?

 读名家故事

姓　　名:陶渊明,字元亮,晚年更名潜,别号五柳先生,世称靖节先生
生活年代:东晋(约365—427)
籍　　贯:浔阳柴桑(今江西九江)
身　　份:诗人、辞赋家、散文家
主要经历:365年,陶渊明出生于江西省宜丰县一个没落的官宦家庭。20岁时,陶渊明开始了游宦生涯。29岁,他出任江州祭酒,不久便不能忍受官场的束缚,辞官归家。后来,州里召他做主簿,他辞职不去,在家闲居。398年,陶渊明成为桓玄幕僚。405年8月,他最后一次出仕,任彭泽县令。11月,陶渊明解印辞官,开始归隐生活。427年,陶渊明逝世于浔阳。

不为五斗米折腰

陶渊明是一个有气节的人。为了养家糊口，41岁的陶渊明在朋友的劝说下，再次出任彭泽县令。当时一个月的俸禄有五斗米左右。

到任81天时，浔阳郡派遣督邮刘云来检查公务。刘云是一个凶狠贪婪的人，每年两次以巡视为名向辖县索要贿赂，每次都是满载而归，否则就要栽赃陷害。

陶渊明听说此事后，非常愤怒。从心底里，陶渊明根本看不起这种人。身边的仆从告诉他，如果去拜见刘云，一定要注意自己的衣着打扮，而且要留心说话的态度，要显得谦恭有礼。听到这里，陶渊明再也忍不住了，叹道："我岂能为五斗米向乡里小儿折腰？"意思是我怎能为了县令的五斗薪俸，低声下气去向这些小人贿赂献殷勤？于是，他愤然辞官归乡，仅仅当了80多天的彭泽县令。

此后，陶渊明一边读书写文章，一边参加农业劳动。后来，家里农田不断受灾，房屋又遭遇大火，家境越来越艰难。但陶渊明始终不愿再为官受禄，甚至连江州刺史送来的米和肉也不接受。朝廷曾经征召陶渊明担任著作郎，也被他拒绝。

贫病交加中，陶渊明离开了人世。他原本可以生活舒适，至少衣食不愁，但那要以牺牲人格和气节为代价。陶渊明选择缺衣少食的贫困生活，获得了心灵的自由、人格的尊严，写出了流传百世的诗文，留下了宝贵的文学财富，也为后人留下了弥足珍贵的精神财富。

小小思想家

《五柳先生传》是陶渊明一生的写照，读一读这篇文章，想一想，陶渊明为什么称自己为五柳先生？从文中看到了陶渊明怎样的人生志趣呢？

二 讲名家故事

不戚戚于贫贱，不汲汲于富贵。

 **小小演说家**

　　杜甫诗云："宽心应是酒，遣兴莫过诗。此意陶潜解，吾生后汝期。"

　　陶渊明写了大量的饮酒诗，与酒结下了不解之缘，陶渊明与酒之间还发生了哪些有趣的故事呢？查阅相关资料，选择一个你最喜欢的故事讲给其他同学听。

三 探名家足迹

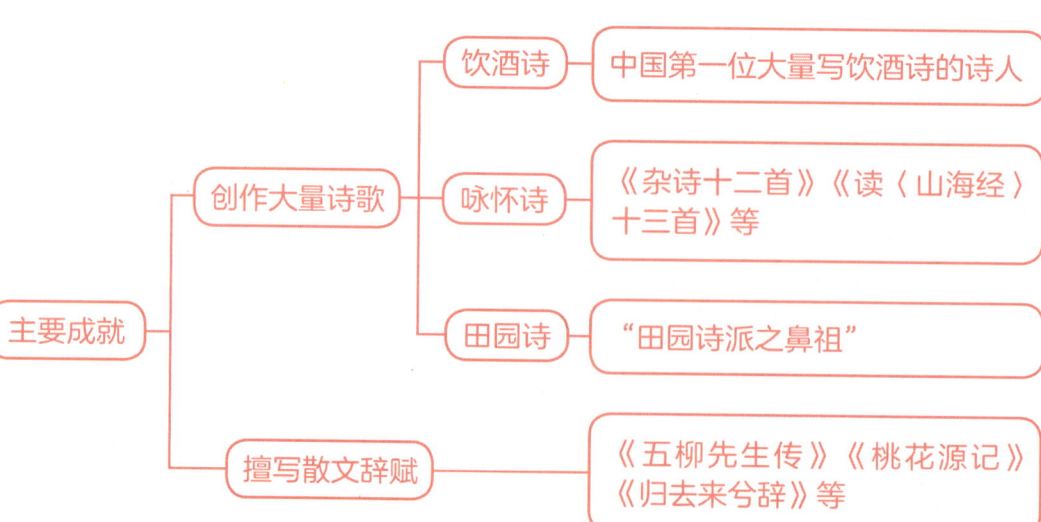

> 好读书，不求甚解；每有会意，便欣然忘食。

小小探索家

《桃花源记》是陶渊明的代表作之一，是《桃花源诗》的序言。这篇散文借武陵渔人行踪这一线索，描绘了一个安宁和乐的理想世界。试着读一读《桃花源记》，画一画你想象中的桃花源。

四 学名家智慧

> 陶渊明爱菊的原因是什么呢？

小小朗读者

归园田居（其三）
种豆南山下，草盛豆苗稀。
晨兴理荒秽，带月荷锄归。
道狭草木长，夕露沾我衣。
衣沾不足惜，但使愿无违。

——陶渊明

小小推广人

陶渊明是中国山水田园诗派的鼻祖，所作田园诗数量很多。收集整理陶渊明的田园诗，制作一本诗集吧！

"诗仙"李白

"李杜文章在,光焰万丈长",知道诗中的"李"是谁吗?他就是唐朝著名诗人,我国妇孺皆知的大诗人李白。

一 读名家故事

名家档案

姓　　名：李白,字太白,号青莲居士
生活年代：唐代(701—762)
籍　　贯：陇西成纪(今甘肃秦安)
身　　份：诗人、文学家、思想家
主要经历：李白二十岁左右开始到处游历,结交社会名流,创作了大量优秀诗篇。742年,李白为唐玄宗所赏识,供奉翰林,文章风采名震天下。后来因受权贵排挤,在京仅三年就弃官而去。晚年,他漂泊东南一带。李白的诗,雄奇飘逸,富有浪漫主义精神,艺术成就极高,被誉为"诗仙"。著有《李太白集》等。

精彩故事

高力士为他脱靴

李白是个有政治抱负的人,希望得到朝廷任用,有机会施展才干。当时,已是太子侍读的著名诗人贺知章向唐玄宗推荐了李白,唐玄宗把李白留在翰林院,专门起草诏书。

李白爱喝酒,一喝起酒来,非喝到酩酊大醉不可。到了翰林院,他改不了这个习惯,闲暇时刻还是爱跟诗友到长安酒肆去喝酒。

有一次,唐玄宗让乐工谱了一支新曲,诏令李白填上歌词。太监们把翰林院和家里找了个遍也没有找到李白。有人告诉太监,李白上街喝酒去了。太监们在长安街好不容易找到李白,却发现李白喝醉了酒,趴在桌上睡着了。太监们来不及细说,七手八脚把李白拉进轿子,抬到宫里。李白抬头一看是唐玄宗,想跪下行礼,身子却不听使唤。太监们见他醉得厉害,拿了一盆凉水,泼在李白身上,李白这才醒过来。唐玄宗爱才,也不责怪他,只叫他马上把歌词写出来。

太监们放好笔墨纸砚,李白席地坐了下来,忽然觉得脚上穿着靴子很不舒服。他抬头一看,身边站着一个年长的宦官,就伸长了腿说:"帮我把靴子脱下来!"

李白哪里知道,这宦官是唐玄宗最为宠信的高力士!他仗着皇帝的恩宠,平日里在百官面前作威作福,现在一个小小的翰林学士居然命令他脱靴,他简直气昏了。但看到唐玄宗在旁边等着李白写歌词,如果得罪了李白,让唐玄宗扫了兴,他可担当不起。他忍住气,装作满不在乎的样子,笑嘻嘻地说:"唉,喝醉了酒,真是拿他没办法。"说着,就跪下来给李白脱了靴子。

李白正眼也不看高力士,拿起笔龙飞凤舞地写了起来,很快就写好了三首《清平调》交给唐玄宗。唐玄宗吟了几遍,赞不绝口,马上传令乐工开始演唱。

小小思想家

李白创造了古代浪漫主义文学的高峰,读一读《月下独酌》(其一)《将进酒》,你的脑海中会出现怎样的画面?从中你感受到李白诗歌什么样的特点呢?

二 讲名家故事

744年，李白在洛阳遇见了杜甫，两人建立了深厚的友情。

小小演说家

　　传说李白小时候读书不用功，中途念不下去了。有一天，他看见一位老大娘在磨一根铁棒，说要把它磨成针。李白深受触动，从此奋发学习，终于名满天下。

　　李白的故事很多，读一读，选择一个印象最深的故事讲给其他同学听。

三 探名家足迹

主要成就	创古代乐府诗高峰	《蜀道难》《行路难》等
	创古代歌行体诗歌高峰	《宣州谢朓楼饯别校书叔云》《玉壶吟》《梦游天姥吟留别》等
	创古代浪漫主义文学高峰	《望庐山瀑布》《早发白帝城》《黄鹤楼送孟浩然之广陵》等

 **小小探索家**

> 诗人余光中评价李白："绣口一吐，就是半个盛唐。"这句话是什么意思呢？

20岁时，李白游览了巴蜀的名山胜水。25岁起，他的足迹遍布大半个盛唐。他一生漫游，山川河流、自然风物带给他源源不断的创作灵感，留下无数脍炙人口的诗作。按照时间先后顺序读一读李白的游历诗，在中国地图上画一画他游历的路线图，感受诗人的豪情与浪漫。

四 学名家智慧

> 君不见，黄河之水天上来，奔流到海不复回。君不见，高堂明镜悲白发，朝如青丝暮成雪。
> ——李白《将进酒》

小小朗读者

天生我材必有用，千金散尽还复来。
长风破浪会有时，直挂云帆济沧海。
浮云游子意，落日故人情。
举杯邀明月，对影成三人。

——李白

小小推广人

李白的诗具有"笔落惊风雨，诗成泣鬼神"的艺术魅力，他一生留下一千多首诗，诗风豪迈奔放，意境奇妙，很多诗篇成为千古绝唱。选择你最喜欢的一首诗读一读、背一背；也可以到《经典咏流传》节目里找一找、听一听李白诗歌的演唱版；还可以试着自己谱曲，把李白的诗唱给身边的好朋友听。

"文章巨公"韩愈

苏轼评价他:"文起八代之衰,勇夺三军之帅。"既有非凡的文学才华,又有卓越的军事才能,他就是"文章巨公"韩愈。

一 读名家故事

名家档案

姓　　名：韩愈,字退之,世称"韩昌黎""昌黎先生""韩文公"

生活年代：唐代(768—824)

籍　　贯：河南河阳(今河南孟州市)

身　　份：文学家、思想家、哲学家、政治家

主要经历：768年,韩愈出生于一个官宦之家。3岁的时候,父母先后去世,他跟随兄嫂长大。韩愈从小刻苦读书,7岁言出成文,13岁能写文章,是唐代杰出的文学家、思想家、哲学家、政治家。他两次任节度推官,官至监察御史,后来屡遭贬谪。晚年任吏部侍郎,人称"韩吏部"。824年,韩愈逝世,朝廷追赠礼部尚书,谥号"文",故称"韩文公"。

精彩故事

"推敲"的故事

韩愈一生为人刚直，人格伟岸，留下了许多忧国爱民、谈诗论道的故事。

一天，诗人贾岛云游归来，天色已晚。这时群鸟归林，月挂天边，万籁俱寂，云盖寺掩映在银白色的月光中。

贾岛诗兴大发，随口吟道："闲居少邻并，草径入荒园。鸟宿池边树，僧推月下门。过桥分野色，移石动云根。暂去还来此，幽期不负言。"他心里想，来到庙门口，用"推"字显得随意。可过了一会儿，他觉得夜已深沉，寺门已闭，还是用"敲"字显得静谧。到底用"推"，还是"敲"呢？贾岛一时拿不定主意。后来，贾岛来到长安，骑着毛驴徜徉街头，突然想起那两句诗，手里不由得做起了推敲的动作，没承想竟然一头撞上了韩愈的仪仗队。韩愈问贾岛什么原因闯进了自己的仪仗队，贾岛就把诗念给韩愈听，还把拿不定主意用"推"好还是用"敲"好的事说了一遍。韩愈听了，对贾岛说："我看还是用'敲'好，即使是在夜深人静，拜访友人，敲门也显得礼貌。一个'敲'字，使夜深人静之时多了几分声响。再说，'敲'字读起来也响亮些。"贾岛听了连连点头。没想到，这次冒冒失失撞进韩愈的仪仗队，不但没受到处罚，还和韩愈交上了朋友。

从此，"推敲"成了脍炙人口的常用词，用来比喻做文章或做事反复琢磨。贾岛和韩愈的交往成为文坛上的一段佳话。

小小思想家

韩愈有一篇著名的文章《马说》，开头写道："世有伯乐，然后有千里马。千里马常有，而伯乐不常有。故虽有名马，祗（zhǐ）辱于奴隶人之手，骈（pián）死于槽（cáo）枥（lì）之间，不以千里称也……"意思是世上有了伯乐，然后才会有千里马。千里马经常有，可是伯乐却不会经常有。因此即使有千里马，也只能在仆役的手里受屈辱，和普通的马并排死在马厩里，不能以千里马著称……

想一想，韩愈在这篇文章里只是在说伯乐和千里马吗？他想表达什么观点、什么愿望呢？

二 讲名家故事

"唐宋八大家"是唐代和宋代八位散文家的合称。

小小演说家

韩愈是唐代古文运动的倡导者,被尊为"唐宋八大家"之首,有"文章巨公"和"百代文宗"之名。他提出的"文道合一""文从字顺"等散文写作理论,对后世影响深远。他把新的语言、章法、技巧引入诗坛,增强了诗的表达功能,扩大了诗的领域。同时,韩愈也是儒家学派的倡导者、一位忧国忧民的官员。在他身上,发生了许多感人的故事,如"韩愈反佛""韩文公设水布"等。找到韩愈的故事读一读,选择一个印象最深的故事讲给其他同学听。

三 探名家足迹

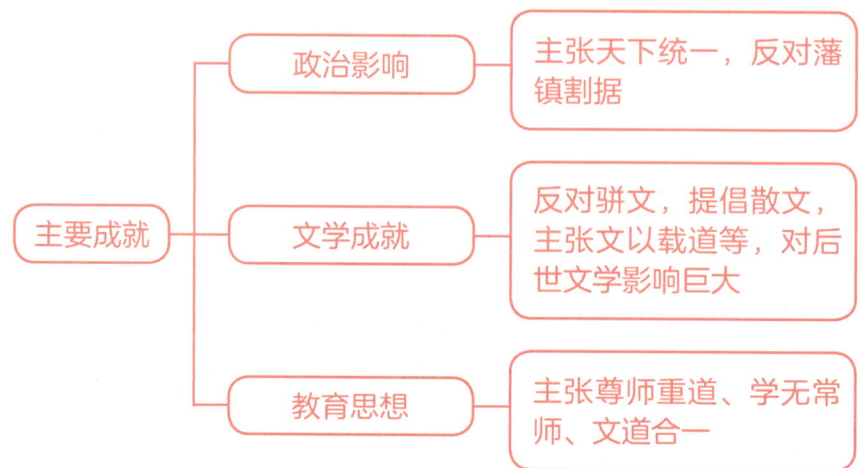

> 业精于勤，荒于嬉；行成于思，毁于随……
> ——韩愈《进学解》

小小探索家

韩愈屡次遭到贬谪，写了一篇文章《进学解》自喻。没有想到，当朝宰相看到这篇文章后很同情韩愈，认为他有史学方面的才识，于是让韩愈当上了比部郎中，奉命修撰《顺宗实录》。

一篇文章竟然改变了一个人的境遇，韩愈在《进学解》中写了些什么，受到了宰相的赏识？试着去读一读。遇到不懂的地方，可以借助注释理解。

四 学名家智慧

小小朗读者

无贵无贱，无长无少，道之所存，师之所存也。
不塞不流，不止不行。
人非生而知之者，孰能无惑？
闻道有先后，术业有专攻。

——韩愈

小小推广人

在《经典咏流传》节目里，张含韵演唱了韩愈的经典之作《早春呈水部张十八员外》。听一听这首歌，试着唱一唱，也可以自己谱曲传唱经典。

"全才艺术巨匠"苏轼

"闲倚胡床,庾公楼外峰千朵。与谁同坐。明月清风我。"这位和明月清风同坐的大文豪是谁呢?

一 读名家故事

名家档案

姓　　名: 苏轼,字子瞻,号东坡居士,世称苏东坡
生活年代: 北宋(1037—1101)
籍　　贯: 眉州眉山(今四川眉山)
身　　份: 文学家、书法家、画家、治水名人
主要经历: 1057年,苏轼进京应试,声名大噪。1071年,苏轼为朝廷不容,调任杭州通判。后来又陆续调往密州、徐州等地,每到一地都政绩显赫,深得民心。1079年,苏轼遭遇"乌台诗案",被贬黄州,写下了《赤壁赋》等千古名作。"东坡处处筑苏堤。"1089年,苏轼任杭州知州,修建了闻名后世的"苏堤";后被贬颍州,对颍州西湖进行疏浚,并筑堤;1094年,苏轼被贬惠州,他把皇帝赏赐的黄金拿出来,捐助疏浚惠州西湖,又修了一条长堤。1101年,苏轼逝世于常州。

 精彩故事

苏堤春晓

苏轼曾两度到杭州做官,短短五六年的时间里,苏东坡在杭州青史留名。

1071年,苏轼第一次到杭州,职务是通判。苏东坡到任后,致力于西湖水利和杭州城市发展的调查研究,决定对杭州的六井进行大规模的修复。1074年,修复六井工程刚刚开工,苏东坡被调离杭州。

1089年,苏轼第二次来到杭州,任杭州知州。此时的西湖十分糟糕,湖面因为杂草淤塞而大面积缩小,面临废弃,人民的生活和整个城市的发展都受到了严重的影响。

苏东坡一到杭州,便做出了全面整治西湖、兴修杭州水系的计划。他一边上奏朝廷,一边筹措工程经费。在这次大规模疏浚工程中,苏东坡下令拆除了湖中私围的葑田,禁止养殖菱藕,以防湖底的淤泥堆积。他把挖出的淤泥集中起来,筑成一条纵贯西湖的长堤,堤有六桥相接,以方便人们行走。

与此同时,苏东坡组织对运河进行了大规模的疏浚。六井通,西湖畅,清水遍全城。苏东坡在杭州为官两任,整治西湖,兴建水利,繁荣城市,造福百姓。后人怀念苏东坡,把西湖长堤称为"苏公堤",简称"苏堤"。春天,烟柳笼纱,波光树影,鸟鸣莺啼,这条长堤从此成为著名的西湖十景之一——苏堤春晓。

小小思想家

苏轼一生宦海浮沉,屡遭贬谪,但他的诗词文章却满是豪放与豁达。你觉得苏轼是一个怎样的人?我们要从他身上学些什么呢?

> 苏轼与父苏洵、弟苏辙三人并称"三苏"。

二 讲名家故事

> 但愿人长久，千里共婵娟。

小小演说家

王士祯说："汉魏以来，两千余年间，以诗名其家者众矣。顾所号为仙才者，唯曹子建、李太白、苏子瞻三人而已。"

1097年，年已六十的苏轼再次遭贬，被一叶孤舟送到当时极其荒凉的海南儋州，但是他却在儋州办学堂，造福乡里。后世人们一直把苏轼看作是儋州文化的开拓者。利用网络搜索或查阅书籍，了解苏轼在儋州的故事，选择一个你最喜欢的故事与小伙伴一起分享吧！

三 探名家足迹

主要成就		
	散文	"唐宋八大家"之一
	诗词	宋诗大家、豪放派代表
	书法	"宋四家"之首
	绘画	擅画墨竹、怪石、枯木等

小小探索家

苏轼是北宋中期文坛领袖,与黄庭坚、米芾、蔡襄合称"宋四家"。

苏轼不仅是"旷世文豪",他的书法和绘画也颇受人们喜爱。请你上网找一找他的代表作品《黄州寒食诗帖》和《枯木怪石图》,试着临摹下来。

苏轼是人们心目中的艺术巨匠,生性达观,为人率真。他喜欢交友,喜爱美食,也热爱自然风光。读读林语堂先生的《苏东坡传》,写下你对苏轼的看法吧。

四 学名家智慧

大江东去,浪淘尽,千古风流人物。

小小朗读者

三代以下诗人,无过于屈子(屈原)、渊明(陶渊明)、子美(杜甫)、子瞻(苏轼)者。此四子者,若无文学之天才,其人格亦自足千古。故无高尚伟大之人格,而有高尚伟大之文章者,殆未有之也。

——王国维

小小推广人

《水调歌头·明月几时有》是苏轼在中秋之夜创作的一首词,表达了对亲人的思念与美好祝愿,表达了旷达超脱的情怀和乐观的精神。上网找一找演唱版的《水调歌头》,试着唱一唱。

"千古第一才女"李清照

你知道被人们称作"千古第一才女"的词人是谁吗?

一 读名家故事

名家档案

姓　　名：李清照，号易安居士
生活年代：宋代（1084—1155）
籍　　贯：山东章丘
身　　份：词人，婉约词派代表人物
主要经历：李清照出身于书香门第，早期生活优越。父亲李格非藏书丰富，李清照从小就在良好的家庭环境中打下文学基础。出嫁以后，她与丈夫赵明诚共同致力于书画金石的收集整理。金兵入侵中原后，李清照颠沛流离，境遇孤苦。李清照所作的词前期多写悠闲生活，后期多悲叹身世，情调感伤。

 **精彩故事**

为书典当衣服的女孩

李清照酷爱读书，常因得到一本好书而不食不眠。她对胭脂水粉不感兴趣，平日出门逛街，很少买针线首饰之类的东西，最爱去的地方便是书市。

有一年清明节，李清照穿着姨母为她做的漂亮裙衫踏青。大自然的美景固然是好，可李清照不由自主来到了书市。她在书摊前慢慢闲逛，走到了一个不被人注意的角落，那里有一位须发皆白、风度翩翩的老者，守着一个小摊，上面放着一摞书。李清照走了过去，突然被一个书名吸引了，封面上写着《古金石考》。她不禁大吃一惊，这是她梦寐以求的古书，流落民间几乎失传，她几经周折都未买到。李清照抑制不住自己的惊喜，走上前翻阅起来。

不知看了多久，李清照忽然意识到这是老人家要卖的书。李清照手里紧握着书，急切地问："老伯，您这套书可是要卖的？"老者点点头："因家里遭遇变故，需要救急的盘缠，这才忍痛割爱。只想寻个懂它的人，给它一个好归宿！"李清照问老者："老伯，您需要多少钱应急？"老者说："唉，至少需要30两。"李清照把随身带的银两全都拿出来，仔细清点也不过10两左右。李清照忧心忡忡地说："我出门急促，没带这么多银两，明日可否？""我与家人约好，日落时不管是否卖出，都要出城回家。"老者无奈地说道。李清照不自觉地握了一下衣角，这一握让她有了办法。她立刻对老者说："老伯，您只要再等我一会儿，只一会儿就好！一定要等我啊！"说完转身就跑了。

半个时辰后，李清照只穿着一件单衣跑了回来，手里拿着银两。原来，李清照将自己的新衣典当，换了银两来买《古金石考》。买到书，李清照心满意足地抱着书回家了。

小小思想家

李清照痴迷《古金石考》，不惜典当了漂亮的新衣，在乍暖还寒的春日只穿一件单衣回家。通过网络搜索或者查阅图书等途径，尝试了解《古金石考》这套书里究竟讲了些什么呢？

二 讲名家故事

明代杨慎《词品》:"宋人中填词,易安亦称冠绝,使在衣冠,当与秦七、黄九争,不独争雄于闺阁也。"

小小演说家

李清照的丈夫赵明诚也是一个文人学者,擅长诗词。婚后,李清照与丈夫情投意合,一同研究金石书画,进行词的创作。相传有一次,李清照写了一首词寄给在外做官的丈夫。丈夫一看,赞叹不已,三天三夜不眠不休,一口气写了50首词,把妻子写的那一首词也夹在里面,请好朋友品评哪首词写得最好。

你知道故事的结果吗?查阅资料,把这个有趣的故事讲给爸爸妈妈听。

三 探名家足迹

主要成就
- 创作"易安体",宋词婉约派大家之一
- 著述词学理论——《词论》
  - 中国历史上第一篇女性所写的文学评论
  - 宋代词坛上的第一篇词论
- 精通音律、金石,代表作《金石录后序》

小小探索家

> 常记溪亭日暮，沉醉不知归路。兴尽晚回舟……

李清照的作品以婉约词著称，那么婉约词有哪些特点？除了李清照，还有哪些词人也擅长婉约词？查阅资料，了解婉约词。

李清照有一首著名的词《如梦令·常记溪亭日暮》，境界优美怡人。读一读这首词，拿起笔来画一画词中美丽的画面。

四 学名家智慧

小小朗读者

如梦令·昨夜雨疏风骤

昨夜雨疏风骤，浓睡不消残酒。试问卷帘人，却道海棠依旧。知否，知否？应是绿肥红瘦。

——李清照

小小推广人

词又称曲子词、长短句，古人常配乐歌唱。李清照留下的词很多，几乎每一篇都给人带来美的享受，其中《如梦令》《声声慢》等词传遍大街小巷。请你尝试学唱一首李清照的词给爸爸妈妈听。

用生命写作的曹雪芹

> 他创作的《红楼梦》和世界上任何一部文学经典相比都毫不逊色。《红楼梦》是中国的瑰宝，是民族的骄傲。

一 读名家故事

名家档案

姓　　名：曹雪芹，名霑，字梦阮，号雪芹
生活年代：清朝（1715—约1763）
籍　　贯：辽宁辽阳
身　　份：小说家、诗人、画家
主要经历：曹雪芹早年在江宁织造府度过了一段锦衣玉食的生活。1728年，曹家因亏空获罪被抄家，曹雪芹随家人回到北京，靠卖字画和朋友救济为生。从此，他蔑视权贵，远离官场，过着贫困如洗的艰难日子。他以坚韧不拔的毅力，"披阅十载，增删五次"，创作出旷世杰作《红楼梦》。

 精彩故事

风筝高手

曹雪芹从小喜欢做风筝、放风筝,特别是对风筝的扎糊、绘制和起放有独到的研究,可谓风筝高手。小时候生活在南方,之后回到北京,他对南北方的各种风筝都很熟悉。他扎的风筝不仅有燕、蝶、螃蟹之类,还有人物类,绘法奇绝,五光十色。

曹雪芹有位患足疾的朋友,名叫于叔度。一天,于叔度来访,说起家中饥寒交迫的境况,又偶尔说到京中某公子购风筝,一掷数十金。曹雪芹想到家中还有些竹、纸,就扎了几只风筝送给于叔度,让他去卖。结果于叔度得到重酬,解了燃眉之急。后来曹雪芹经常到于叔度那里,设计新的样式,帮他扎糊风筝。从此,于叔度就以风筝为业,养家糊口,渐渐有了风筝高手的美名。

曹雪芹不仅帮助像于叔度那样身患残疾的人掌握一门手艺谋生,还收集整理有关风筝的资料和前辈的制作经验,这在《红楼梦》中描绘得淋漓尽致。

《红楼梦》第七十回有一段关于放风筝的描写,写到黛玉放的风筝因为风大,线全部放尽,紫鹃用西洋小银剪刀把丝线剪断,那风筝便飘飘摇摇飞入云端,"把病根儿可都带了去了"。还写到三只风筝在空中碰头,线儿绞在一起,放风筝的人拼命往下收线,把线都扯断了,三个风筝飘飘忽忽都去了……曹雪芹把春日放风筝的场景写得生动鲜活。

小小思想家

曹雪芹为什么能够在《红楼梦》中将放风筝的细节描写得鲜活灵动,让人身临其境呢?你从中悟出了什么写作的好方法呢?

二 讲名家故事

曹雪芹是中国伟大的文学家。他在世界文学史上的地位与成就，与莎士比亚、歌德、巴尔扎克、普希金、托尔斯泰相比，也毫不逊色。

小小演说家

  曹雪芹用十余年时间著成《红楼梦》，这是一部具有世界影响力的小说，是举世公认的中国古典小说巅峰之作。查阅资料，了解更多有关曹雪芹在艰难的环境中创作的故事，选择一个印象最深的故事讲给其他同学听。

三 探名家足迹

世人都晓神仙好，惟有功名忘不了！古今将相在何方？荒冢一堆草没了……
——《好了歌》

主要成就 —— 创作《红楼梦》
- 中国古典四大名著之首，中国古典小说巅峰之作，被誉为古今第一奇书
- 形成了一种专门的学问——红学
- 对后世作家的创作影响深远

小小探索家

《红楼梦》以深邃的思想、独特的艺术散发出永恒的魅力。请抄录《红楼梦》中你喜欢或者难懂的一段话,和同学分享、讨论。

四 学名家智慧

小小朗读者

世事洞明皆学问,人情练达即文章。
万两黄金容易得,知音一个也难求。

——曹雪芹

小小推广人

曹雪芹爱好广泛,对金石、诗书、饮食、服饰等均有研究,这些都被曹雪芹一一写进了《红楼梦》。读一读《红楼梦》,看看书中有哪些有趣的诗文,或者有关饮食、服饰的描写,选择一段抄录下来并展开探究。

"文学先声"鲁迅

"把生命献给中国，让世界为之景仰。"他用锋利的笔尖抨击旧社会的黑暗，他用犀利的作品唤醒麻木的民族。

一 读名家故事

名家档案

姓　　名：周树人，原名周樟寿，笔名鲁迅
生活年代：近现代（1881—1936）
籍　　贯：浙江绍兴
身　　份：文学家、思想家、革命家、教育家，中国现代文学的奠基人之一
主要经历：1902年，鲁迅赴日本公费留学，后入仙台医科学校学医。因一次课堂上放映日俄战争教育片，看到影片上的中国人麻木不仁，觉得医治精神上的麻木比医治身体上的病弱更重要，他决定弃医从文。1909年，鲁迅回到中国，先后在杭州、绍兴等地任教。

1911年，辛亥革命爆发，鲁迅先后任南京临时政府和北京政府教育部部员、佥事等职，并在北京大学、女子师范大学等校授课。1918年5月，他首次用"鲁迅"做笔名，发表了中国现代文学史上第一篇白话文小说《狂人日记》，奠定了新文学运动的基石。五四运动前，鲁迅参加《新青年》杂志编辑工作，成为五四新文化运动的主将。此后，鲁迅陆续创作多篇小说，出版多部杂文集、散文集等。

精彩故事

一张刻着"早"字的书桌

鲁迅12岁时，曾在绍兴城里著名的三味书屋跟随寿镜吾先生学习。13岁时，祖父因故入狱，父亲长期患病，家里越来越穷，鲁迅经常到当铺典当家里值钱的东西，然后再去药店给父亲买药。

有一次，父亲病重，鲁迅一大早就去当铺和药店，到三味书屋时老师已经开始上课了。老师见他迟到了，很生气："十几岁的学生还睡懒觉，上课迟到。下次再迟到就别来了。"

鲁迅听了，没有做任何辩解，低着头默默回到自己的座位上。第二天，他早早来到学校，在书桌右上角用刀刻了一个"早"字，心里对自己说：以后一定要早起，不能再迟到了。

以后的日子里，父亲的病更重了，家里很多活都落在了鲁迅的肩上。他每天天不亮就起床，料理好家里的事情，再到当铺和药店，然后赶到三味书屋去上课。虽然家里的负担很重，可是他再也没有迟到过。

艰苦的日子里，每当他气喘吁吁地准时跑进私塾，看到课桌上的"早"字，他都觉得很欣慰。他想，我又一次战胜了困难，又一次实现了自己的诺言。我一定加倍努力，做一个信守承诺的人。

后来，父亲去世，鲁迅继续在三味书屋读书。那张刻着"早"字的硬木书桌，至今还放在鲁迅纪念馆里。

小小思想家

鲁迅先生曾怀着"医学救国"的理想远赴日本学医，为什么后来决定弃医从文呢？你从鲁迅先生的文学作品中获得了哪些学习的力量？

二 讲名家故事

哪里有天才？我是把别人喝咖啡的工夫都用在工作上的。

小小演说家

鲁迅一生致力于解放民族思想，唤醒思想麻木的中国人，他的作品是时代的写照，更是革命斗争的武器。毛泽东主席曾评价说："鲁迅的方向，就是中华民族新文化的方向。"这样一位引领时代的文化巨人，你是不是想对他有更多的了解呢？查一查资料，了解更多鲁迅的故事，选择一个印象最深的故事讲给其他同学听。

三 探名家足迹

主要成就	学术影响	撰写《中国小说史略》《汉文学史纲要》，为中国的文学史研究作出巨大贡献
	精神影响	一生追求民主，不断与压迫民众的旧思想旧文化斗争，堪称现代中国的"民族魂"
	文学影响	开白话文先河，著有《故事新编》《朝花夕拾》等，被誉为"二十世纪东亚文化地图上占最大领土的作家"

小小探索家

鲁迅的文学作品极大地震撼了旧社会麻木的中国人，无情地揭示了病态社会中人们的精神疾苦。这位思想的巨人虽然已停下了笔，但是他的文字和思想影响了一代又一代中国人。查阅资料，找一找鲁迅有哪些文学作品，整理一份书单供大家学习。

四 学名家智慧

> 用笑脸迎接悲惨的厄运，用百倍的勇气应付一切的不幸。

小小朗读者

鲁迅先生是20世纪中国历史上最受人们瞩目与爱戴的文化巨人，以下是中外名人对鲁迅先生的评价：

毛泽东："鲁迅的骨头是最硬的，他没有丝毫的奴颜和媚骨。这是殖民地半殖民地人民最宝贵的性格。鲁迅是文化战线上的民族英雄。"

法捷耶夫："鲁迅是真正的中国作家，正因如此，他才给全世界文学贡献了很多民族形式的、不可模仿的作品。"

郭沫若："鲁迅是革命的思想家，是划时代的文艺作家，是实事求是的历史学家，是以身作则的教育家，是渴望人类解放的国际主义者。"

小小推广人

作为一代文坛巨匠，鲁迅以高超的手法，塑造了阿Q、祥林嫂、孔乙己、闰土等个性鲜明的人物。读一读鲁迅的小说，从中选择一个印象最深的人物形象，试着把他的样子画下来。

"人民艺术家"老舍

你知道新中国第一位获得"人民艺术家"称号的作家是谁吗?他,就是老舍。

一 读名家故事

 **名家档案**

姓　　名:老舍,原名舒庆春,字舍予
生活年代:现当代(1899—1966)
籍　　贯:北京
身　　份:作家、文学家、戏剧家、艺术家
主要经历:1913年考取京师第三中学,后因经济困难退学,同年考取公费的北京师范学校。1918年任方家胡同小学校长,1921年开始创作发表作品。1924年赴英国任伦敦大学讲师,1930年回国任齐鲁大学教授,1934年任山东大学教授,1938年被选为全国文艺界抗敌协会常务理事,1951年被北京市人民政府授予"人民艺术家"称号,1953年当选为全国文联主席、作协副主席。1966年8月24日,老舍离世,墓碑上刻着老舍的一句话:"文艺界尽责的小卒,睡在这里。"

 **精彩故事**

人穷志不穷的"小读书郎"

老舍幼时家里非常贫困,父亲去世得早,全家只有母亲做零工维持生计。老舍上小学那年,出嫁多年的姐姐给他做了一双新袜子。姐姐兴高采烈地给老舍穿上,看着弟弟一蹦三跳地去上学了。可是放学回来时,她发现弟弟的脚上却是光光的。她问老舍:"弟弟,你的新袜子呢?"老舍从书包里掏出那双叠得整整齐齐的新袜子,说:"姐,我一出校门就脱掉了,怕穿坏了。我上学时穿,放学了就脱掉。姐姐,我要和那些有钱人家的孩子比学习,不是比阔气。"

第二天上学,老舍仍穿着以前的旧袜子。走着走着,老舍想,我把鞋也脱下来,不就可以少磨些鞋底吗?于是,大街上多了一个光着脚走路的小小读书郎。

小时候的苦难经历对老舍产生了很大的影响,他后来的很多作品都取材于普通市民的生活,讲述了城市许多贫苦老百姓的命运,如《骆驼祥子》《月牙儿》等。

 小小思想家

老舍出身贫寒,最后却成了一位大作家,他是怎么做到的呢?由老舍的人生经历,你产生了哪些想法?

二 讲名家故事

 小小演说家

朱光潜:"据我接触到的世界文学情报,全世界得到公认的中国新文学家也只有沈从文与老舍。"

老舍的生活和作品充满幽默感,查阅相关资料,了解老舍幽默的故事,选择一个你印象最深的故事讲给其他同学听。

三 探名家足迹

主要成就
- 新中国第一位获得"人民艺术家"称号的作家
- "京味小说"的源头人物之一
- 奠定了北京人民艺术剧院独特的风格
- 民间曲艺改革的先驱

小小探索家

老舍一生写了800余万字的作品，真切地反映了当时穷苦大众的生活。老舍有哪些小说和剧作深受读者喜爱呢？找一找，读读你最感兴趣的作品，把其中精彩的语段摘录下来，和同学交流。

四 学名家智慧

在老舍的戏剧中品味不同人物的百味人生。

小小朗读者

〔唐铁嘴趿拉着鞋，身穿一件极长极脏的大布衫，耳上夹着几张小纸片，进来。

王利发：唐先生，你外边蹓蹓吧！

唐铁嘴（惨笑）：王掌柜，捧捧唐铁嘴吧！送给我碗茶喝，我就先给你相相面吧！手相奉送，不取分文！（不容分说，接过王利发的手来）今年是光绪二十四年，戊戌。你贵庚是……

王利发（夺回手去）：算了吧，我送给你一碗茶喝，你就甭卖那套生意口啦！……我告诉你，你要是戒不了大烟，就永远交不了好运！这是我的相法，比你的更灵验！

——《茶馆》节选

小小推广人

老舍的话剧作品《茶馆》创作于1956年。他以独特的艺术手法，把三个历史时期的中国社会变迁，装进不足5万字的《茶馆》里，以话剧的形式生动地表现出来。读读老舍的《茶馆》，选择其中的一个片段和同学一起分角色演一演。

小小评价员

我能获得（　　）颗星。

1. 小小思想家
☆ 仔细阅读　　☆ 专心思考　　☆ 积极回答

2. 小小演说家
☆ 查阅资料　　☆ 精选故事　　☆ 乐于分享

3. 小小探索家
☆ 广泛探寻　　☆ 合作交流　　☆ 深入研究

4. 小小朗读者
☆ 字正腔圆　　☆ 声情并茂　　☆ 主动积累

5. 小小推广人
☆ 创意想象　　☆ 实践推广　　☆ 传承精神

五 遨游艺术海洋

"书圣"王羲之

> 他7岁开始练习书法，家门口的池塘，因他每次练完书法都会在此洗毛笔，原本清澈的池水成了黑色，被人们称为"墨池"。

一 读名家故事

名家档案

姓　　名：王羲之，字逸少
生活年代：东晋（303—361）
籍　　贯：琅琊临沂（今山东临沂）
身　　份：书法家、文学家
主要经历：王羲之历任秘书郎、江州刺史、会稽太守，累迁右军将军，人称"王右军"。善书法，兼擅隶、草、楷、行各体，被人们尊为"书圣"。永和九年（353），组织兰亭雅集，撰写的《兰亭序》被誉为"天下第一行书"。355年，王羲之称病辞官，迁居于绍兴金庭，过上种桑植树、教养儿孙的归隐生活。

精彩故事

书法换白鹅

王羲之喜欢鹅,认为养鹅不仅能陶冶情操,还能观察鹅的动作形态,悟到一些书法理论。

一次,王羲之出外游玩,看到一群漂亮的白鹅,想买下来。这些鹅是附近一个道士养的。道士听说大名鼎鼎的王羲之要买鹅,答应只要王羲之为他抄一部《道德经》,便将这些鹅送给王羲之。王羲之欣然答应,成就了一段用书法换白鹅的佳话。

竹扇题字

有一次,王羲之路过绍兴的一座石桥,看见一个老婆婆拎了一篮子六角形的竹扇在叫卖。竹扇很简单,没有什么装饰,引不起过路人的兴趣,老婆婆十分着急。王羲之看到这情形,很同情老婆婆,说:"您这竹扇没画没字,当然卖不出去。我给您的竹扇题上字,怎么样?"老婆婆不认识王羲之,见他这样热心,就把竹扇交给他。王羲之提起笔,在每把扇面上龙飞凤舞写了五个字。老婆婆不识字,觉得他写得潦草,很不高兴。王羲之安慰道:"别急,您告诉买扇的人,说上面是王右军写的字。"老婆婆照他说的话去做,一篮子竹扇很快就卖完了。

小小思想家

王羲之从七岁开始练字,直到去世,五十余年笔墨不辍。愈到晚年,愈是老练沉雄。他很钦佩汉代张芝临池学书、池水尽黑的学习精神,常常以此鞭策自己。据记载,除绍兴兰亭外,江西临川新城山、浙江永嘉积谷山以及江西庐山归宗寺等处,都有王羲之的墨池。读到这里,你得到了什么启示呢?

> 北宋文学家曾巩曾作《墨池记》,说明成功取决于后天的不懈努力!

二 讲名家故事

> 王羲之后裔多擅书画，作品挂满厅堂、书房，人称"华院画堂"，后人定村名为"华堂"。

小小演说家

"东床快婿""入木三分"，这两个成语都是出自与王羲之相关的典故。查阅资料，把成语的由来讲给大家听。

三 探名家足迹

主要成就	草书极其简约	《十七帖》《初月帖》《上虞帖》《长风帖》等
	开创妍美流畅行书	代表作《兰亭集序》被誉为"天下第一行书"
	楷书方正规整	《黄庭经》《乐毅论》《曹娥碑》

> 王羲之的第七子王献之以行书及草书闻名，在书法史上与王羲之并称"二王"，有"小圣"之称。

小小探索家

上网查一查王羲之的书法作品，仔细欣赏，把你的感受与大家分享。

王羲之在《兰亭集序》中写道："此地有崇山峻岭，茂林修竹；又有清流激湍，映带左右，引以为流觞曲水，列坐其次。"你能想象当时的情景，用你的画笔画下来吗？

四 学名家智慧

小小朗读者

每逢除夕，王羲之会写一些春联，很多人都想得到他的字。于是，每年除夕他的春联一贴出，就被人悄悄揭走了。

这一年，除夕又至，王羲之写了一副"福无双至，祸不单行"八个字的春联，贴到了门上。想拿走春联的人一看这八个字太不吉利，扫兴而归。到了寅时，王羲之拿笔补了几个字，变成了"福无双至今朝至，祸不单行昨夜行"。第二天一早，人们见王羲之门口的春联变了样，赞叹不已。

小小推广人

王羲之的书法艺术达到了登峰造极的境界，对后世的书法文化产生了深远的影响。仔细欣赏王羲之的书法，尝试写一幅书法作品吧。

"东晋画祖"顾恺之

你知道中国画的"画祖"是谁吗?人们还称他为"三绝":画绝、才绝和痴绝。

 读名家故事

 **名家档案**

姓　　名:顾恺之,字长康
生活年代:东晋(348—409)
籍　　贯:晋陵无锡(今江苏无锡)
身　　份:画家、绘画理论家、诗人
主要经历:348年,顾恺之出生于一个书香门第,自幼聪颖过人。他年少即显露才能,曾任参军、散骑常侍等职。顾恺之博学多艺,擅长诗赋、书法,尤其擅长绘画,精于人像、佛像、禽兽、山水等。顾恺之作画,意在传神,他的"迁想妙得""以形写神"等观点,为中国传统绘画的发展奠定了基础。他被称为中国画的画祖,是我国杰出的画家、绘画理论家、诗人。

光彩夺目的点睛之笔

顾恺之自幼聪明，刻苦好学，小小年纪就画得一手好画。南京的瓦官寺中，有一幅光彩夺目、轰动世界的维摩诘像壁画，是他15岁时留下的巨作。其中还流传着一个有趣的故事。

15岁那年，顾恺之的家乡遭到百年不遇的洪水，许多道路、石桥都被洪水冲垮了。洪水过后，地方官府联合瓦官寺向当地豪门募捐，召集能工巧匠重修坍塌的道路和桥梁。当时虽然捐款的人很多，但捐款的金额却很少，远远达不到维修所需要的费用。年少的顾恺之得知情况后，说自己要捐100万。顾恺之通知寺院长老把寺院的两面墙重新粉刷一遍，他要在上面挥笔作画。这一画，就是一个月。一个月后，顾恺之的维摩诘像画好了，墙壁上的人物活灵活现，唯独没有眼睛。原来，顾恺之想邀请大家来观看寺院的维摩诘像点睛，他制定了观赏要求：第一天观赏寓意吉祥之兆，须捐钱10万两；第二天观赏捐钱5万两；第三天观赏随意捐。

故事传开了，前来观看的人很多，场面非常热闹。顾恺之为佛像点睛的瞬间，佛像神形具备、栩栩如生、光彩照人，仿佛亲临寺院，人们叹为观止。观赏的人越来越多，寺院很快筹足了需要的资金。年仅15岁的顾恺之用自己的聪明才智和绘画天赋为民众做了一件大好事。

"意存笔先，画尽意在。"你知道顾恺之还有哪些著名作品吗？

小小思想家

顾恺之重视体验观察，主张通过绘画表现人物的内在精神状态，其"迁想妙得""以形写神"等观点，对我国传统绘画的发展影响很大。你知道他的这些观点是什么含义吗？为什么他能获得"画绝"的称号呢？

二 讲名家故事

你知道成语"渐入佳境"的来历吗?据说和顾恺之吃甘蔗的习惯有关。

小小演说家

顾恺之的人物画强调传神,尤其注重对眼睛的描摹。文献记载他画的人物,曾经数年不画眼睛,人们问他原因,顾恺之曰:"四体妍蚩,本无阙少于妙处,传神写照,正在阿堵中。"意思是四肢好看也罢难看也罢,无关紧要,刻画生动逼真的关键,正是在这眼睛上啊。可见他已经深刻地意识到,眼睛对于表现人物精神气质的重要性。

查阅资料,了解更多顾恺之的精彩故事,并选择一个印象最深的故事讲给其他同学听。

三 探名家足迹

主要成就	绘画艺术	被誉为中国画"画祖",创造的"春蚕吐丝描"等绘画技法为后世学习典范
	文学成就	著作《观涛赋》《筝赋》文采斐然
	理论造诣	"迁想妙得""以形写神"等绘画理论,为中国传统绘画发展奠定基础

小小探索家

顾恺之在中国古代画史上声名显赫，画作《女史箴图》《洛神赋图》《列女仁智图》《斫琴图》等堪称珍品。通过网络搜索或者查阅书籍等途径，欣赏顾恺之的作品，摘录人们的经典评价，感受他精湛的画技。你也可以试着选择一幅顾恺之的画作进行点评。

四 学名家智慧

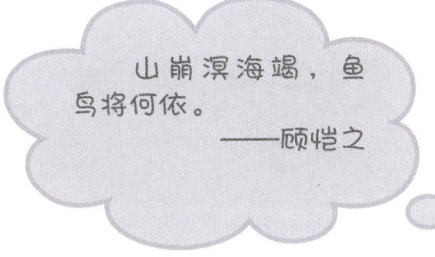
山崩溟海竭，鱼鸟将何依。
——顾恺之

小小朗读者

《洛神赋图》是顾恺之以魏国诗人曹植的《洛神赋》为蓝本，创作的传世珍品，亦为中国十大传世名画之一。全卷分三个部分，曲折细致、层次分明地描绘了曹植与洛神之间真挚纯洁的爱情故事。画面人物疏密得宜，在不同的时空自然交替、重叠、转换，在山川景物描绘上，无不展现出一种空间美。

小小推广人

欣赏顾恺之的作品后，你一定被他笔下的人物深深吸引了。拿起画笔试一试，运用学到的绘画知识画一个人物。

国画大师齐白石

你知道我国最擅长画虾的绘画大师是谁吗？他画的虾活泼、灵动，富有生命力。

 读名家故事

 **名家档案**

姓　　名：齐白石，字萍生，号白石、白石翁、老萍等
生活年代：现当代（1864—1957）
籍　　贯：湖南湘潭
身　　份：人民艺术家、绘画大师，齐派艺术创始人
主要经历：齐白石早年曾为木工，后以卖画为生，57岁后定居北京。他擅长画花鸟、虫鱼、山水、人物，笔墨雄浑滋润，色彩浓艳明快，造型简练生动，意境淳厚朴实，所作鱼虾虫蟹妙趣横生，被文化部授予"人民艺术家"称号，入选"世界文化名人"。曾任中央美术学院名誉教授、中国美术家协会主席、北京中国画院名誉院长。1956年，被世界和平理事会授予国际和平奖。

 **精彩故事**

大器晚成的齐白石

齐白石年轻的时候有过一段不得意的时光。因以绘画为生，他在一段时间内疯狂作画，但都得不到老师的赏识，很是失落。

有一天，齐白石出门散心的时候遇到一位挑水的守林人。他发现守林人木桶中的水很少，忍不住问道："这水是从哪里挑来的呢？"守林人说："这水是从山林的小溪里挑来的。"齐白石很是纳闷，按理说，从很远的地方挑水，应该多挑一点。守林人身材魁梧，挑满一桶水是没有问题的。

守林人解答了齐白石的疑问："你仔细看看我的水桶。"齐白石发现木桶上方有一条线。守林人解释："挑水不在于多，只要够用就好，一味贪多只会适得其反。如果我挑的水超过这条线，便超过了我的承受能力。如果半路水洒出一些，或是不小心摔了，我就做了无用功呀。"

齐白石顿悟，回到家后一改往日贪多求快的作风，仔细打磨每一幅画，画技日益精进，最终成为一代绘画大师。

> 为万虫写照，为百鸟传神。

小小思想家

齐白石年轻时开始学画，一直到93岁仍然保持着良好的绘画习惯。他要求自己每天都要作画，一天至少要画5幅。虽然已经90多岁了，但他一直坚持这个好习惯。从齐白石的故事里，你感受到自己的哪些学习习惯需要改进呢？

二 讲名家故事

> 作画是寂寞之道。耐得寂寞，百事可做。

小小演说家

当代艺术评论家王进玉评价齐白石："齐白石最了不起的地方就是把文人士大夫画的题材与风格给予了乡土化、平民化的拓展和延伸。他的作品多了份天真趣味、朴实烂漫，这是其作品被普通大众接受和欣赏的主要原因之一。"

查阅资料，了解更多齐白石在艺术创作中的精彩故事，选择一个印象最深的故事讲给其他同学听。

三 探名家足迹

齐白石多次创作以"和平"为主题的画作，有《和平鸽》《百花与和平鸽》《和平胜利》《和平万岁》等。

主要成就		
	创造了质朴清新的绘画艺术世界	代表作《墨虾》等
	善写诗文	著有《白石诗草》《白石老人自述》
	篆刻自成一家	中国篆刻史上第一位现代派大师
	书法以篆隶见长	20世纪十大书法家之一

小小探索家

齐白石是中国近现代绘画大师、人民艺术家。他的作品是大写意，自成一派。到网上或者书籍中欣赏齐白石的作品，制作一个电子画册专辑。

四 学名家智慧

欲立艺者，先立人。学我者生，似我者死。

小小朗读者

齐白石说："好的艺术，妙在似与不似之间。太似为媚俗，不似为欺世。"这句话的意思是，好的艺术作品其巧妙之处在于像与不像之间，这是艺术的灵魂所在。

小小推广人

齐白石画虾、山川、草木、鸡鸭鱼虫，会当作有生命、有情感的人来画。

在齐白石的画作中，虾的造型极具生命的动感，表现出虾在水中浮游的形态，笔墨间显出虾的晶莹剔透。简练的笔墨，干净的画风，可以看出笔画的细腻，齐白石把艺术造型的"形""质""动"三个要素完美呈现了出来。

欣赏《墨虾》这幅作品，试着临摹这幅画。

戏曲大师梅兰芳

你看过京剧最负盛名的经典作品《贵妃醉酒》吗？这部作品你知道是谁创作的吗？

一 读名家故事

名家档案

姓　　名：梅兰芳，原名梅澜，字畹华
生活年代：现当代（1894—1961）
籍　　贯：江苏泰州
身　　份：京剧表演艺术家
主要经历：梅兰芳8岁学戏，9岁拜著名京剧大师吴菱仙为师学青衣。11岁登台，后跟随京剧名家秦稚芬和胡二庚学花旦。曾获美国波莫纳学院和南加州大学荣誉文学博士学位。为了把旦角的戏路拓宽，梅兰芳对传统剧目、旦角的装扮以及演出方式等进行了革新，形成了载歌载舞、声情并茂、绚丽多彩的表演特点，发展和提高了京剧旦角的演唱和表演艺术，形成了独特的"梅派"艺术表演风格。曾先后率团赴美国、苏联等国访问演出，获得极大成功，使中国的京剧艺术走向世界。他也因此成为一位有着国际影响力的文化使者。

 **精彩故事**

梅兰芳的传奇故事

梅兰芳出身于京剧世家，在长辈的影响下，从小就喜欢看戏。8岁的时候，梅兰芳开始拜师学艺，学习旦角。男孩子学旦角，唱、念、做、打都要模仿女性。刚学的时候，一出戏师父教了很长时间，他还没有学会。师父说他不行，不适合唱戏。

梅兰芳心里很不是滋味，下定决心一定要学会唱戏。他用心思考，反复练习。一段唱腔，别人唱几遍就不练了，他坚持练二三十遍。经过刻苦练习，他终于练出了圆润甜美的嗓子。

梅兰芳小时候眼睛有点近视，看起来没有精气神。但是旦角的眼神特别重要，于是，他养了几只鸽子，鸽子飞翔的时候，他的眼睛就紧紧盯着鸽子。此外，他还经常注视水中游动的鱼儿。经过长期练习，他的眼神开始活灵活现，人们都说梅兰芳的眼睛会说话了。

1941年，日军占领上海，梅兰芳蓄须明志，誓不参与日本人的庆贺演出。梅兰芳失去了经济来源，生活拮据，只好卖了北京的房子和多年的藏品维持生计。后来，梅兰芳甚至举债度日。好友得知他家生活陷入困境，纷纷解囊相助。老画家叶誉虎提议与他合作，办一个国画展览，突出梅、竹的主题。当时沦陷的上海一片混乱，不是停水停电，就是空袭警报。梅兰芳在艰苦的环境中作画，克服了难以想象的困难。经过八个月的苦战，他画了170多件作品，题材广泛，包括仕女、佛像、花卉、松树、梅花等，同叶誉虎的作品一起，于1945年春天在上海展出，受到好评。

展览结束后，梅兰芳被迫将其中大部分作品卖掉，所得收入用来还债，资助剧团里生活更困难的人。

小小思想家

读完梅兰芳的故事，你有什么感受？梅兰芳为什么能够成为戏曲大师？当日本侵略中国的时候，梅兰芳做出了哪些爱国壮举？

二 讲名家故事

国内民众称赞梅兰芳："真正的演员，美的创造者。"
《纽约世界报》评价梅兰芳："梅兰芳是我们所见过的最杰出的演员之一，纽约还从来没有见识过这样的演出。"

小小演说家

在国内外享有盛名的梅兰芳还有哪些故事呢？查阅资料，了解梅兰芳更多的故事，选择一个你最喜欢的故事讲给其他同学听。

三 探名家足迹

主要成就	京剧表演艺术大师	形成独特艺术流派——"梅派"
	向海外传播京剧艺术	促进我国与国际文化的交流
	传承京剧艺术	曾担任中国京剧院院长、中国戏曲研究院院长、中国戏剧家协会副主席

> 我是个拙笨的学艺者，没有充分的天才，全凭苦学。
> ——梅兰芳

小小探索家

作为戏曲宗师，梅兰芳开创了京剧的巅峰时代，留下了很多优秀的作品。请你通过图书或者网络查阅梅兰芳的代表作《霸王别姬》，欣赏、探寻它独特的艺术魅力，试着写一写自己的感受。

四 学名家智慧

> 梅兰芳不仅是一名大艺术家，更可贵的，他还有着令人钦佩的民族气节。
> ——毛泽东

小小朗读者

抗日战争时期，梅兰芳面对敌人的威逼利诱，表现出了老一辈知识分子的智慧与胆识。日寇占领上海不久，得知蜚声世界的京剧第一名旦梅兰芳住在上海，就派人请梅兰芳到电台讲话，表示愿为日本的"王道乐土"服务。梅兰芳洞察到日寇的阴谋，决定尽快离开上海。他一边给日本人带口信，说最近要外出演戏，一边携家人星夜乘船离开上海。梅兰芳在抗战期间断然蓄须明志，不为日本人演出，表现了一名艺术家不屈不挠的斗争精神与深厚的爱国情怀。

小小推广人

梅兰芳与荀慧生、程砚秋、尚小云被称为"四大名旦"。查阅资料，了解几位艺术家的故事，再画一画他们在舞台上的光彩形象。

"丹青巨擘"徐悲鸿

> 他画的马家喻户晓，他画的马给人生机和力量！

一 读名家故事

名家档案

姓　　名：徐悲鸿，原名徐寿康
生活年代：现当代（1895—1953）
籍　　贯：江苏宜兴
身　　份：画家、美术教育家、中国现代美术奠基人
主要经历：徐悲鸿出身贫寒，自幼随父亲徐达章学习诗文书画。1916年，徐悲鸿考入震旦大学攻读法文，并自修素描；1917年，留学日本学习美术，回国后任北京大学画法研究会导师；1919年，考入巴黎国立高等美术学校学习油画、素描，并游历西欧诸国，观摩研究西方美术。1927年，徐悲鸿回国，先后任上海南国艺术学院美术系主任、中央大学艺术系教授、北京大学艺术学院院长。1933年起，他先后在法国、比利时、意大利、英国、德国、苏联等地举办中国美术展览和个人画展。新中国成立后，他先后任中国美术家协会主席、中央美术学院院长等职。

 **精彩故事**

赠"马"办书店

抗战时期，徐悲鸿曾住在重庆沙坪坝，那里有许多国立学府随政府迁来，却没有一家像样的书店，更没有出版和销售进步书籍的地方。

有个叫陈汝言的商人想办一个"正风出版社"，但缺乏开办经费。陈汝言找到徐悲鸿，希望得到帮助。徐悲鸿沉思片刻，说："你想办个出版社，我大力支持。我虽不是富翁，但出点钱是办得到的。不过要办就得办出自己的特色，要多出版一些世界名著和国内的好作品。你回去找中央大学的一些知名教授担任编委，他们答应了再来找我。"几天之后，陈汝言把编委组织好了，徐悲鸿拿出2000元交给陈汝言，说："这是我卖两匹'马'的钱。"不久，正风出版社就在沙坪坝正式开张了，出版了很多享誉文坛的世界名著和国内进步书籍。

就这样，徐悲鸿赠"马"办书店的故事传为佳话。

小小思想家

徐悲鸿创作了一系列以肖像、人体、风景为主题的作品，如《抚猫人像》《持棍老人》《自画像》等。他常常去动物园画狮子、老虎、马等各种动物。读到这里，你认为除了在学校里学习绘画，在生活中还可以通过哪些方式提高我们的绘画能力呢？

二 讲名家故事

他曾在法国赛马场、德国的柏林动物园画过数千张马的速写。

 **小小演说家**

徐悲鸿一生画马无数，为什么他如此爱马？他笔下的马到底象征什么呢？阅读传记《笔下千骑——大师徐悲鸿》，试着去找一找答案。

三 探名家足迹

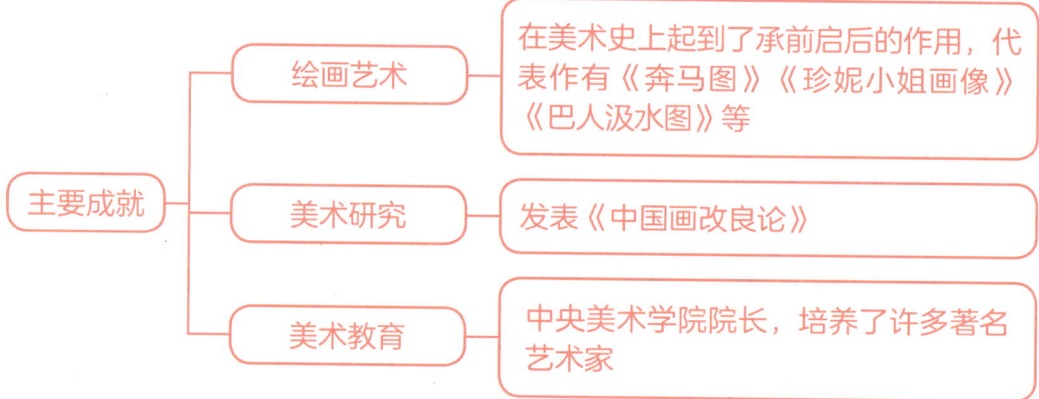

小小探索家

中国历代有不少擅长画马的画家，如唐代韩幹、北宋李公麟、清代郎世宁等。上网查阅韩幹的《牧马图》、李公麟的《五马图》、郎世宁的《八骏图》，以及徐悲鸿的《奔马图》，观察这四位画家笔下的马有什么不同呢？试着写一写。

徐悲鸿喜欢画马，你最喜欢画什么动物呢？把心爱的动物画下来，与同学分享。

四 学名家智慧

我也想和徐悲鸿先生一样,用自己的一技之长为社会做贡献。

小小朗读者

每个人的一生都应该给后代留下一些高尚有益的东西。
人不可有傲气,但不可无傲骨。
学艺之道无他,锻炼意志第一。

——徐悲鸿

小小推广人

徐悲鸿的遗愿是把他的1200余件作品,节衣缩食收藏的著名书画家的1000余件作品真迹,以及图书、画册、碑帖等1万余件,全部捐献给国家。多么令人钦佩呀!

你想不想像伟大画家徐悲鸿一样,做一些有意义的事情?和同学一起,举办一场书画作品义卖活动,帮助更多的人吧。

"中国漫画之父"丰子恺

说到漫画，你是不是很感兴趣？有一位被称为"中国漫画之父"的画家，他寥寥几笔就勾勒出生动的世界。

一 读名家故事

名家档案

姓　　名：丰子恺，原名丰润，号子觊
生活年代：现当代（1898—1975）
籍　　贯：浙江崇德（今浙江嘉兴桐乡）
身　　份：书画家、文学家、散文家、
　　　　　翻译家、漫画家
主要经历：丰子恺1917年与同学组织桐荫画会，并加入研究金石篆刻的东石社。1919年，他与画会同仁举办第一次作品展。1921年，他东渡日本学习油画。1922年回国，在浙江上虞春晖中学教授图画和音乐。1925年，《文学周报》连载丰子恺的画作，标题为《子恺漫画》。之后，他陆续发表系列漫画作品，自此中国才有了"漫画"。中华人民共和国成立以后，丰子恺历任全国政协委员、中国美术家协会上海分会主席、上海文联副主席、上海中国画院院长等职。

 **精彩故事**

"一条绳子"就够了

丰子恺是一位大文学家、大漫画家。可是，有一次他画羊却出了洋相。

丰子恺的故乡在浙江省桐乡市的石门镇。石门人喜欢吃羊肉，那里几乎家家户户都养湖羊。一个小小的石门镇，竟然开着十来家羊肉馆。丰子恺也喜欢吃羊肉，因此，他也是这些羊肉馆的常客。常吃羊肉，自然就对湖羊产生了好感。

有一天，丰子恺忽然来了灵感，研墨挥毫画了一幅题为《卖羊》的漫画。画面上，一个农人牵着两只湖羊，到羊肉馆来卖给老板。画好后，丰先生觉得很满意，就带上漫画来到羊肉馆，想让老板和顾客们也欣赏一番。谁知道，一位农民老伯看了却直摇头。丰子恺觉得纳闷，上前请教老人因何摇头。老人说，多画了一条绳子。丰子恺听了，仔细看自己的画，觉得想不通：两条绳子牵两只羊，哪里多了绳子？这时，那位农民老伯认真地告诉他，牵羊只需牵头羊，不管多少只，只要一条绳子就够了。此时，丰子恺才恍然大悟。

 **小小思想家**

在画羊的故事中，丰子恺犯了怎样的错误？你从中获得了哪些启发呢？

 讲名家故事

有为有不为，知足知不足；锐气藏于胸，和气浮于面；才气见于事，义气施于人。

——丰子恺

 **小小演说家**

丰子恺是一位文艺大师，书画、散文、翻译，在多个领域都卓有成就。查一查资料，去了解更多丰子恺的故事，选择一个印象最深的故事讲给其他同学听。

三 探名家足迹

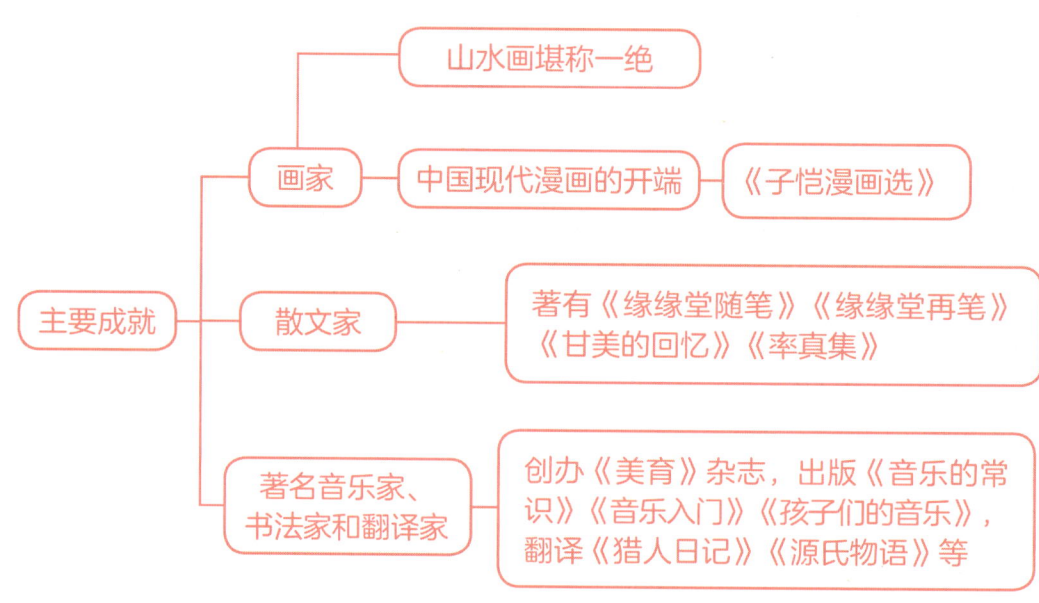

丰子恺被誉为"中国现代漫画鼻祖"。

小小探索家

丰子恺的漫画取材于生活，饱含趣味与哲理。其中，有许多漫画都是以儿童为题材，如《阿宝赤膊》《你给我削瓜，我给你打扇》等。上网搜索丰子恺的漫画，欣赏感悟漫画作品的意境与艺术魅力，再临摹一幅丰子恺的漫画作品。

四 学名家智慧

> 丰子恺的漫画诗画结合，意境丰富。无论是他的诗，还是画，都以同情的眼光欣赏世间万物。

小小朗读者

牛背安眠好

丰子恺

日长耕作罢，闲步晚风前。
牛背安眠好，春郊草味鲜。

小小推广人

欣赏了丰子恺的漫画作品，你发现他的漫画有哪些特点？写一写，将自己的发现与小伙伴分享。

民族音乐的先行者贺绿汀

"我们都是神枪手,每一颗子弹消灭一个敌人;我们都是飞行军,哪怕那山高水又深……"这首耳熟能详的歌曲是谁创作的呢?

一 读名家故事

名家档案

姓　　名：贺绿汀,又名贺楷
生活年代：现当代(1903—1999)
籍　　贯：湖南邵东
身　　份：音乐家、教育家
主要经历：1924年,贺绿汀以第一名的成绩考入长沙岳云中学,攻读绘画与音乐。1931年,他考入上海国立音乐专科学校,选修钢琴与和声学。1934年,在俄国作曲家亚历山大·齐尔品举办的征求中国风味钢琴曲比赛中,贺绿汀创作的《牧童短笛》和《摇篮曲》分别获得一等奖和二等奖。1937年,抗日战争全面爆发,贺绿汀参加上海文艺界抗日救亡宣传队,奔赴武汉、郑州、西安等地演出。1943年,贺绿汀到达延安,历任中央管弦乐团团长、华北人民文工团副团长、中央音乐学院副院长。中华人民共和国成立后,贺绿汀回到母校,担任上海音乐学院院长,并创办了上海音乐学院附中和附小,为国家培养了大量优秀音乐人才。

精彩故事

《牧童短笛》响彻全球

贺绿汀考入国立音乐专科学校时,还是一个在上海求学的穷学生。但是贺绿汀没有被困难吓倒,他一边学习,一边创作,同时密切关注音乐界的动态。贺绿汀交不出房租,随时有辍学的危险,危难之际,他在学校的橱窗上看到了俄国作曲家兼钢琴家齐尔品在上海举办"征集中国风格钢琴曲"活动的信息,优胜者获奖金100元,并将获得免费出国求学的机会。这次活动,所有参赛者的姓名严格保密,任何人不能"走后门"。得到这一消息,贺绿汀非常兴奋,整日泡在租住的酷热小屋创作。朋友问他:"你这样认真地投入比赛,难道那幸福之光环真的能照射到你身上?"贺绿汀自信地说:"我欣赏这次比赛的规则,任何人都有获奖的机会。我必须认真对待这次比赛。"天气太热,他住在楼的顶层,白天热得无法工作,只好等夜间稍微凉爽些再进行创作。为了有更多的机会获奖,他一连写了三首钢琴曲,即《牧童短笛》《摇篮曲》和《往日思》,郑重地寄了出去。

幸福的光环真的来了!贺绿汀自己也没想到,他的三首作品竟然有两首获奖,即《牧童短笛》和《摇篮曲》。其中,《牧童短笛》获一等奖,也是我国第一首飞向世界的钢琴曲作品。从此,贺绿汀成为国内外备受瞩目的音乐大师。几十年来,他一直活跃在中国的乐坛上,而这首钢琴曲《牧童短笛》响彻全球。

小小思想家

贺绿汀的《牧童短笛》是我国第一首登上国际乐坛的钢琴曲。想一想,贺绿汀能够获得国际大奖的原因是什么呢?

二 讲名家故事

小小演说家

贺绿汀是一个创作颇丰的音乐家，他的不少创作灵感都源于他的生活经历，你还知道他的哪些创作故事呢？选一个最感动你的故事，讲给大家听。

三 探名家足迹

主要成就	民族音乐的先行者	《牧童短笛》《摇篮曲》《嘉陵江上》《游击队歌》等
	积极投身民族解放事业	参加抗日救亡活动
	致力于音乐教育事业	著有《贺绿汀音乐论文选集》

小小探索家

抗日战争时期，贺绿汀在防空洞躲避日军空袭，外边不时传来机枪嗒嗒嗒的扫射声，这声音在贺绿汀的脑海里变成了小鼓的节奏，迸发出一个个旋律。他的激情一泻千里，词曲在脑子里迅速形成，这就是著名的《游击队歌》。这支战歌传遍大江南北，鼓舞抗日军民奋勇杀敌。学着唱一唱《游击队歌》，把你精彩的演唱录成视频，上传到班级群，和同学一起举办一个独特的网上音乐会，纪念音乐家贺绿汀。

四 学名家智慧

贺绿汀一生创作了260余首歌曲,被称为"中国乐坛不倒的旗帜"。

小小朗读者

写歌曲要向民歌学习,不但学习它的语言、风格,还要学习它的乐曲结构。

音乐创作必须有民族特点和时代特点。

——贺绿汀

小小推广人

歌剧《贺绿汀》由上海音乐学院原创,以20世纪上半叶中华民族救亡图存、争取解放的宏大历史为背景,真实再现了青年贺绿汀承前启后、融汇中西、树立文化自信、追求卓越创作的音乐家形象。查找相关影视资料,看一看这部歌剧,再写下你的感受。

贺绿汀的音乐作品既有广泛的群众性,又有高度的艺术性,为人民喜闻乐见。

"人民音乐家"聂耳

你知道中华人民共和国国歌《义勇军进行曲》的曲作者是谁吗？

一 读名家故事

名家档案

姓　　名：聂耳，原名聂守信
生活年代：现代（1912—1935）
籍　　贯：云南玉溪
身　　份：音乐家、作曲家
主要经历：1912年2月出生于云南。1922年春，聂耳进入昆明求实小学学习，先后向家人及邻居学习多种民族乐器（竹笛、二胡、三弦、月琴等），广泛接触当地民间音乐。1931年4月，聂耳考入黎锦晖主办的"明月歌舞剧社"，担任小提琴手。1932年11月，聂耳进入联华影业公司，参加"苏联之友社"音乐小组，组织"中国新兴音乐研究会"，参加了左翼戏剧家联盟音乐组。1933年，聂耳加入中国共产党。不久，聂耳加入百代唱片公司（中国唱片厂前身）主持音乐部工作，同时建立百代国乐队。1935年初，聂耳为《义勇军进行曲》作曲，后来成为中华人民共和国国歌。1935年7月17日，聂耳不幸溺水身亡，年仅23岁。

 **精彩故事**

"四只耳朵"的故事

聂耳对音乐特别敏感。大家都说，只要能从耳朵进去的，都能从他嘴里唱出来。久而久之，大家都叫他"耳朵"。

一次联欢会上，聂守信表演舞蹈，模仿各种人说话，同时两只耳朵一前一后地动，这是一般人很难做到的，大伙儿都被逗得大笑起来。总经理给聂守信送礼物，称他为"聂耳博士"。聂守信笑着对大家说："你们硬要把一只耳朵送我，也好，四只耳朵（'聂'的繁体字'聶'）连成一串，不像一个炮弹吗？"从此，聂守信改名为聂耳。

聂耳在北京穷得买不起棉衣，却在秋末深入贫民区天桥等地方，用有限的钱收集北方民间音乐素材。他经常在劳苦大众中聆听他们为生计卖嗓子、卖力气的吼声，感受他们"生命的挣扎"。他在上海苦苦积攒一年，才买到一把梦寐以求的廉价小提琴。在上海，聂耳还与小报童交上了朋友，著名的《卖报歌》就是在这种环境下创作出来的。

 **小小思想家**

战火纷飞的时代，聂耳的音乐作品对民众产生了哪些影响？他为什么要经常深入贫民区？

二 讲名家故事

郭沫若评价聂耳为"人民音乐家"，称赞"他是天才的音乐家，又是革命者"。2009年，聂耳荣获"100位为新中国成立作出突出贡献的英雄模范人物"称号。

小小演说家

查阅资料，了解聂耳更多的故事，选择自己最喜欢的一个故事，分享给其他同学听。

三 探名家足迹

- 主要成就
  - "人民音乐家" —— 代表作《飞花歌》《金蛇狂舞》《梅娘曲》《卖报歌》等
  - 奠定我国近代革命音乐的基调 —— 创造中国音乐史上多个第一
  - 《义勇军进行曲》—— 1949年被选为中华人民共和国代国歌，1982年确定为中华人民共和国国歌

> 啦啦啦！啦啦啦！我是卖报的小行家，大风大雨里满街跑，走不好，滑一跤，满身的泥水惹人笑，饥饿寒冷只有我知道。
> ——聂耳《卖报歌》

小小探索家

听过聂耳创作的《卖报歌》吗？听一听这首歌，了解《卖报歌》唱的是什么内容。

四 学名家智慧

从云南走向全国、走向世界的人民音乐家聂耳,是我国新音乐的先驱,是无产阶级领导的革命青年运动的杰出代表,是中国音乐史上一面光辉的旗帜。

小小朗读者

恶劣的社会快要和我们有为的青年交战了——每一个人都是处在社会里的……还有种种的恶俗和许多不能适应新社会的旧礼教,仍然存在于我们的社会里。这些都是我们应当打倒的。换言之,就是打倒恶社会,建设新社会。

——聂耳《我的人生观》

小小推广人

聂耳所处的时代诞生了许多音乐家,查阅资料,了解当时其他的音乐家,选择最喜欢的一位音乐家,把他的代表作下载制成电子歌曲集。

"西部歌王"王洛宾

> 他是享誉世界的杰出音乐家,中国的西部民歌因他而流传全国,而且传向了全世界。

一 读名家故事

名家档案

姓　　名：王洛宾,名荣庭,字洛宾.
生活年代：现当代(1913—1996)
籍　　贯：北京
身　　份：中国民族音乐家
主要经历：王洛宾1934年7月毕业于国立北平师范大学音乐系。抗日战争爆发后,他先后参加西北战地服务团、西北抗战剧团,进行抗日救亡宣传活动。1949年9月,王洛宾参加中国人民解放军,随军进入新疆,历任新疆军区政治部文艺科科长、新疆军区歌舞团音乐创作员、歌舞团艺术顾问等职。1988年,王洛宾荣获中国人民解放军胜利功勋荣誉奖章。他将一生都献给了西部民歌的创作和传播事业。

精彩故事

大豆谣

在抗日救亡活动中，王洛宾一边用歌声唤醒民众，一边对国民党当局的消极抗日政策进行猛烈抨击。这些活动引起了反动派的忌恨和恐慌。1941年春，王洛宾被国民党特务以莫须有的罪名逮捕，投进了大沙沟监狱。监狱中，王洛宾被关在6号"小号子"，另一位共产党人樊桂英和她的女儿小力立被关在5号"小号子"，正好是邻居。

放风的时候，王洛宾和小力立一大一小两个难友成了"好朋友"。小力立经常从母亲牢房专门送饭的小格子爬出，钻入关押王洛宾的牢房，缠着王洛宾给她讲故事，教她唱歌。监狱看守不让小力立对"犯人"叫伯伯、叔叔，小力立就称王洛宾为"大胡子"。王洛宾看着可爱的小力立，强忍心中的痛苦，扭着腰肢为小力立跳新疆舞，唱新疆民歌："半个月亮爬上来，咿啦啦，爬上来。照着我的姑娘梳妆台，咿啦啦，梳妆台……"

监狱里，小力立每天都吃不饱。有一次，一位好心的看守见孩子太可怜了，偷偷买了些大豆给小力立，这个一出生就蹲监狱的孩子高兴得不得了。她学着监狱看守的口气自问自答："世界上什么东西最好吃？""大豆！"听到这声音，王洛宾觉着自己的心都要碎了。他拿起笔，为小力立写了一首《大豆谣》：

蚕豆秆低又低，结出的大豆铁身体。
力立牢中夸大豆，世界上吃的数第一。
小力立笑眯眯，妈妈转身泪如雨，
街头叫卖糖板栗，牢房的大豆也稀奇。
小力立有志气，妈妈的哭声莫忘记，
长大冲出铁大门，全世界大豆属于你！

小小思想家

王洛宾被誉为"西部歌王""西北民歌之父""人民音乐家"，他创作的歌曲带有浓厚的少数民族风情。听着他的歌曲，你脑海中会浮现出怎样的画面呢？从中我们能感受到怎样的民族特色？

二 讲名家故事

著名作家周涛曾这样评价王洛宾:"王洛宾这一辈子吃的苦太多了,确实是个硬骨头。我没办法比,我哪能吃他那么多苦,一次就崩溃了。"

小小演说家

王洛宾的一生悲喜交织。他创作了史诗般辉煌的作品,有过无数的光环和荣耀,却命运多舛,三次身陷囹圄,历尽常人难以想象的磨难。淡泊明志、宠辱不惊的王洛宾,为了心中神圣的音乐,执着地为老百姓创作。他穷尽一生,百折不挠,为歌而生,为歌而活!查阅资料,了解王洛宾是如何面对苦难与挫折的,选择一个印象最深的故事讲给其他同学听。

探名家足迹

主要成就	传播和发展中国的西部民歌	创作多部歌剧和1000多首民族优秀音乐作品,出版数册歌曲集
	联合国教科文组织授予"东西方文化交流特别贡献奖"	《在那遥远的地方》《达坂城的姑娘》等中外闻名

小小探索家

王洛宾在不同的阶段有不同的创作风格。上网收集王洛宾不同时期的代表作,听一听他不同风格的歌曲,制作一个王洛宾电子音乐专辑。

四 学名家智慧

> 太阳下山明早依旧爬上来
> 花儿谢了明年还是一样的开
> 美丽小鸟一去无影踪
> 我的青春小鸟一去不回来
> ——王洛宾《青春舞曲》

小小朗读者

王洛宾是一位具有强烈爱国精神的音乐家。在民族危难之时,他毅然奔赴抗日前线,积极进行抗日救国的宣传工作。他用满腔的爱国热情,先后创作了《老乡,上战场》《洗衣歌》等大量抗日歌曲,这些歌曲鼓舞了众多有志青年投身抗日救亡运动。新中国成立以后,他创作了《社会主义光芒照在我老汉的心坎上》《亚克西》等100多首歌颂党和社会主义的歌曲,鼓舞各族人民为建设新中国而努力奋斗。

小小推广人

1994年,王洛宾凭借歌曲《在那遥远的地方》获得了联合国教科文组织"东西方文化交流特殊贡献奖"。该曲是王洛宾最珍视的歌,也是王洛宾歌曲中艺术评价最高的歌曲,被赞为"艺术里的珍品,皇冠上的明珠"。找到《在那遥远的地方》这首歌,听一听、唱一唱,再把美妙的歌词抄写下来。

"现代主义建筑最后的大师"贝聿铭

他是建筑史上的"华人之光"。他的设计因几何精度、朴实的外表,以及自然光线而享誉世界。

一 读名家故事

 名家档案

姓　　名：贝聿铭
生活年代：现当代(1917—2019)
籍　　贯：江苏苏州
身　　份：土木专家、建筑师
主要经历：1935年,贝聿铭赴美国留学,先后就读于宾夕法尼亚大学、麻省理工学院;1944年,贝聿铭进入哈佛大学攻读硕士学位;1945年任哈佛大学设计研究所助理教授;1958年,贝聿铭成立个人建筑事务所,开业以来几乎每有工程竣工都受到建筑界的瞩目,获得荣耀奖项。1967年当选为美国艺术与科学院院士,1996年当选为中国工程院外籍院士。被誉为"现代主义建筑最后的大师"。

精彩故事

动情的决定

1964年，美国总统肯尼迪遇刺，举国哀痛，肯尼迪图书馆成为纪念肯尼迪总统而拟建的重要项目。当时，肯尼迪的夫人杰奎琳花费数月寻找建筑设计师。

那时候，贝聿铭还是建筑界新人，非常渴望得到这个项目，为此他整理了自己设计的大大小小的建筑项目，准备应征。参与这场竞争的，还有许多世界著名的资深建筑师。最后，杰奎琳宣布："所有的候选者都非常优秀，但是贝（贝聿铭）喜欢将事物变得更美。"贝聿铭获得了杰奎琳的委任，设计肯尼迪总统图书馆。杰奎琳表示："这是个非常动情的决定，他可以察觉出别人无法发现的东西。我不在乎他以前是否有过出色的设计，但是我相信他现在的才能。事实上，我的决策还是感性化的。他满是自信，让我想起了杰克（约翰·肯尼迪的昵称），他们是同一年出生的，我决定和他一起迈出大胆的一步。"肯尼迪图书馆耗时15年建成，从选址到建筑初稿，贝聿铭经历了许多波折，还一度遭到波士顿居民的反对。

1979年，这座黑白分明、由纯粹几何形态构成的现代建筑矗立在波士顿近郊多尔切斯特的哥伦比亚角，轰动了美国建筑界。美国建筑界宣布1979年是"贝聿铭年"，授予他该年度美国建筑学院金质奖章。因为肯尼迪图书馆，贝聿铭声名大振，跻身于世界级建筑大师的行列。

小小思想家

肯尼迪图书馆是一座倚海矗立、黑白分明的现代化建筑。整个建筑是一套几何图形的组合，一个圆台形体，一个似长方形又似三角形的竖体，一个横长条体。建筑主体上有一块大面积突出的黑色玻璃幕墙，镶嵌在全白建筑正面。整座建筑造型独特简洁，反差分明。上网"云游"肯尼迪图书馆，你会对这一建筑设计如何评价呢？

二 讲名家故事

《泰晤士报》曾报道:"贝聿铭开创性的建筑闻名世界,他设计的建筑结构影响力巨大,令人惊叹。"

小小演说家

你知道贝聿铭设计的建筑有哪些故事吗?可以通过观看纪录片、查阅资料、上网搜索等方式了解贝聿铭,向更多的人讲述他的故事。

三 探名家足迹

主要成就
- 屡创建筑奇迹 —— 约翰·肯尼迪图书馆、华盛顿国家美术馆东楼、卢浮宫玻璃金字塔等
- 被誉为海外华人"艺术三宝"之一 —— 融合古代传统建筑艺术和现代最新技术,从而创造出自己独特的风格
- 多变的设计,不变的中国心 —— 设计香山饭店、香港中国银行大厦、苏州博物馆等

小小探索家

光是建筑的色彩,"让光线来做设计"是贝聿铭的名言,光线的运用体现在他的许多作品中。查一查,了解贝聿铭的建筑设计还有哪些特点。

四 学名家智慧

> 我深爱中国优美的诗词、绘画、园林,那是我设计灵感的源泉。
> ——贝聿铭

小小朗读者

20世纪最著名的建筑大师、城市规划家柯布西耶是贝聿铭的偶像,也是贝聿铭建筑思想的引领者。1935年,柯布西耶在麻省理工学院进行了两天演讲,被贝聿铭称为"我建筑教育中最重要的两天"。在旁人看来,柯布西耶"傲慢无礼,建筑的理念只是猎奇好玩",但贝聿铭从柯布西耶那里看见了建筑的未来。

> 好建筑充满自然的味道。
> ——贝聿铭

小小推广人

法国卢浮宫金字塔也是贝聿铭设计的著名建筑,这座建筑在诞生前遭到反对,但后来被誉为宝石。你可以用卡纸、透明塑料片等材料,邀请爸爸妈妈一起参与,尝试设计建造一个自己的卢浮宫金字塔建筑纪念品。

做完后拍照上传朋友圈,让更多的人欣赏到你独一无二的作品。

小小评价员

我能获得（　　）颗星。

1. 小小思想家
☆ 仔细阅读　　☆ 专心思考　　☆ 积极回答

2. 小小演说家
☆ 查阅资料　　☆ 精选故事　　☆ 乐于分享

3. 小小探索家
☆ 广泛探寻　　☆ 合作交流　　☆ 深入研究

4. 小小朗读者
☆ 字正腔圆　　☆ 声情并茂　　☆ 主动积累

5. 小小推广人
☆ 创意想象　　☆ 实践推广　　☆ 传承精神

六 立业兴家为国

中国建筑鼻祖鲁班

你知道锯子是谁发明的吗？让我们走近中国建筑鼻祖鲁班。

一 读名家故事

名家档案

姓　　名：鲁班，姬姓，公输氏，名班，人称公输盘、公输般

生活年代：战国时期（公元前507—公元前444）

籍　　贯：鲁国（今山东曲阜）

身　　份：土木建筑鼻祖、木匠鼻祖

主要经历：鲁班出身世代工匠之家，从小跟随家人参加了许多土木工程建设，积累了丰富的实践经验。大约在公元前450年以后，他从鲁国来到楚国，帮助楚国制造兵器。他曾创制云梯，准备攻打宋国，墨子不远千里，从鲁国来到楚国都城郢，与鲁班和楚王辩论，说服楚王停止攻宋。他发明的曲尺、墨斗、刨子、锯子、铲子等工具，极大地提高了工作效率，将当时的工匠从原始繁重的劳动中解放出来。

 **精彩故事**

鱼抬梁，土堆亭

一天，鲁班路过一处建造宗庙的工地，见到工地上冷冷清清，没人干活。

鲁班仔细察看，正殿的地基已打好，墙也砌好了。殿上的柱子竖了起来，旁边横放了一根大梁。鲁班明白了，梁太短，放不上去。殿后空地上，立着四根很高的石柱。石柱旁的地上躺着用整块朱砂石琢成的亭盖，又大又厚，一看就知道非常重。怎么安上去，这可真是个难题。鲁班围着工地转了几圈，然后匆匆上街打听掌墨师（木工中的大师傅）的住处。

掌墨师张师傅的家在街后，小屋黑黑的，没点灯。鲁班走进屋，只见张师傅坐在桌旁，对着几张工程图纸发呆。鲁班连忙上前打招呼："张师傅，我从鱼日村来，也是干木匠活的，路过此地，能让我歇一夜吗？"张师傅见是同行，就收留了他。

张师傅的妻子端上饭菜，招呼大家吃饭。"明日中秋，是上梁浇筑亭盖的日子，可是我一点儿办法也没有。"愁眉苦脸的掌墨师哪有心思吃饭，他让鲁班先吃，带着妻子去了工地。

等夫妻俩回来，客人不见了，桌子上乱七八糟。两尾鱼平放在两只饭碗上，鱼嘴被穿在筷子的两端。桌上倒了一大堆饭，一只大红花碗倒扣在饭堆上。拿开碗一看，四只筷子成正方形埋在饭堆里，只露出筷子头。

张师傅顿时恍然大悟，激动地说："看，这是鱼抬梁，这是土堆亭！"见妻子莫名其妙，他解释说："梁太短，可以雕两条大木鱼，接在正梁下面。用土把石柱埋起来，不是能抬着亭盖上去吗？"

"鱼日？那不是鲁……鲁班师傅吗？"张师傅兴奋极了，立即把工匠们召集起来，连夜开工。听说是鲁班师傅的主意，大家干劲儿更足了。第二天一早，工地上挤满了看热闹的人。很快，一座宗庙就建成了。

> 你知道"班门弄斧"是什么意思吗？

小小思想家

读完了鲁班的故事，想一想鲁班为什么不直接向张师傅夫妻介绍自己呢？他为什么能有那么多的发明创造呢？

二 讲名家故事

有趣的歇后语：
木匠吊线——睁一只眼，闭一只眼
木匠丢了折尺——没有分寸

小小演说家

听了《鱼抬梁，土堆亭》的故事，你对鲁班一定很好奇。查阅资料，了解鲁班的其他故事，并选择一个印象最深的，讲给其他同学听。

三 探名家足迹

主要成就	农业工具	发明磨、碾子、犁、耙等工具，提高了农业生产效率
	木工工具	发明锯子、曲尺、墨斗等
	兵器制造	发明云梯、钩强等，在军事上得到广泛运用

小小探索家

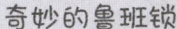
奇妙的鲁班锁

传说鲁班为了测试儿子是否聪明，用6根木条制成一件可拼可拆的玩具。儿子忙碌了一夜，终于拆开了，这便是鲁班锁。后来，经过众多能工巧匠的传承，鲁班锁已发展到如今的800多种，深受各国玩家的喜爱。上网查一查，鲁班锁是什么样子的，又是怎么玩的。

四 学名家智慧

小小朗读者

我非木匠者，我实木匠神。众木尽吾友，日夜可交心。我身雕刻刀，细微达分毫。举世竟谁比，鲁班窃皮毛。若幸逢仙子，亦可试低高！

——《木匠言》

小小推广人

鲁班，一个在中国家喻户晓的名字，土木工匠尊称他为"祖师爷"，中国建筑最高奖命名为"鲁班奖"。上网搜索一下，看哪些建筑工程获得过"鲁班奖"，把你查阅了解的结果和大家分享吧。

巧夺天工的水利专家李冰

他主持修建了流传千古的水利工程——都江堰,造福万民,被民众奉为"水神"。

一 读名家故事

名家档案

姓　　名：李冰,号陆海
生活年代：战国时期(公元前302—公元前235)
籍　　贯：不详(一说山西运城)
身　　份：政治家、水利工程学家,治水名人
主要经历：李冰公元前256—前251年担任蜀郡守,在今四川省都江堰市岷江主持兴建了中国早期灌溉工程都江堰,使成都平原富庶起来。据《华阳国志·蜀志》记载,李冰曾在都江堰安设石人水尺,这是中国早期的水位观测设施。他还在今宜宾、乐山境内开凿滩险,疏通航道,修建汶井江、白木江、洛水、绵水等灌溉和航运工程。老百姓建造"二王庙"纪念李冰父子。

 **精彩故事**

李冰治水

秦国攻占巴蜀，蜀国成了秦国的蜀郡。蜀郡地处平原，盛产粮食，岷江川流而过，成了秦国四处征战的军粮供应地。公元前280年，秦将司马错沿岷江而下，出兵楚国，不料到了楚国的商喻，粮草得不到供应，军队难以前行。原来，当时军备资源都在成都，军队需要的粮草要在成都走一段陆路才能到岷江码头。交通不便，军队难以及时补充粮草。于是，司马错萌生一个想法：更改岷江河道，使它经过成都。

秦昭王任命李冰为蜀郡郡守，负责改道岷江的重任。李冰到任不久，便开始着手进行大规模的治水工作。他和儿子二郎沿岷江两岸进行实地考察，了解水情、地势等情况，制订治理岷江的方案。

李冰将都江堰的引水口上移，同时另辟新路，让竹工编成长三丈、宽二尺的大竹笼，装满鹅卵石，一个一个沉入江底，战胜了湍急的江水，筑成了分水大堤。分水大堤前端犹如鱼头，取名叫"鱼嘴"。

李冰修成"鱼嘴"之后，又开二渠，由永康过新繁入成都，称为外江；一渠由永康过郫入成都，称为内江。这两条主渠沟通成都平原上零星分布的农田灌溉渠，初步形成了规模巨大的都江堰水利工程渠道网。都江堰的修筑，不仅解决了岷江泛滥成灾的问题，而且灌溉周边十几个县，灌溉农田面积达300多万亩。

从此，成都平原成为沃野千里的富庶之地，获得"天府之国"的美称。百姓为了纪念李冰和他的儿子，在都江堰的渠首修建了二王庙，每到清明时节，都会到庙里祭祀。每年的维护工作做完，人们会到庙里举行放水典礼。李冰成了百姓心目中的水神。

 **小小思想家**

> 都江堰将野性十足的岷江驯化成造福于民的江流。

读完李冰修筑都江堰的故事，想一想，李冰修筑都江堰有哪些工序？我们从李冰身上能学到哪些解决问题的方法呢？

二 讲名家故事

李冰在修筑都江堰时因地制宜,大胆运用多种施工方法,尽可能不让大型工程影响百姓生活;尊重蜀地传统民俗,开凿盐井发展经济,引入铁器促进生产,五尺道开拓了成都与雅安的交通……

这种贯穿始终的"因势利导"理念,最终成为治水典范。

小小演说家

李冰治水采取了道家"道法自然""天人合一"的思想,成果颇多。除了修建都江堰,李冰还带领百姓修建了哪些水利工程呢?搜索李冰的其他故事,选择印象最深的一个故事讲给身边的伙伴听。

三 探名家足迹

主要成就
- 修建都江堰 —— 被联合国教科文组织列入《世界文化遗产名录》
- 开发盐井 —— 创造"凿井汲卤煮盐法"

小小探索家

了解了李冰的修建方法和理念,尝试画一画修建都江堰的设计图,画完后与同学分享。

如今,都江堰已成为一个著名的风景名胜区,2000年被联合国教科文组织列入《世界文化遗产名录》。如今的都江堰是什么样子,上网云游一番,有条件的可以去实地探访,感受都江堰的千年历史与古人的智慧。

四 学名家智慧

> 都江堰治水六字诀：深淘滩，低作堰。

小小朗读者

李冰治水不辞辛苦，勤于职守，造福人民。古往今来，不少文人墨客留下对李冰和都江堰的赞美之词。

唐代杜甫云："君不见秦时蜀太守，刻石立作三犀牛。自古虽有厌胜法，天生江水向东流。蜀人矜夸一千载，泛溢不近张仪楼。"

清代吴文锡在《都江堰》中写道："作堰敢辞瘁，慰农愧少才。眷言秦太守，一步一低回。"

清代诗人黄俞在《都江堰》中描述："岷江遥从天际来，神功凿破古离堆。恩波浩渺连三楚，惠泽膏流润九垓。劈斧岩前飞瀑雨，伏龙潭底响轻雷。筑堤不敢辞劳苦，竹石经营取次裁。"

小小推广人

"为官一任，造福一方"，李冰创造的丰功伟绩书写在神州大地上，成为永恒。拿起彩笔，制作一张赠予水利专家李冰的明信片，表达我们的敬佩之情。

"蔡侯纸"发明者蔡伦

他改进的造纸术被列为中国古代"四大发明"之一，对人类文化传播和世界文明发展做出了杰出的贡献，被奉为"纸神"。

  读名家故事

名家档案

姓　　名：蔡伦，字敬仲
生活年代：东汉（61—121，一说63—121）
籍　　贯：东汉桂阳郡（今湖南耒阳）
身　　份：发明家
主要经历：汉明帝永平末年，蔡伦入宫。汉章帝时，担任小黄门（较低品级的太监职位）。汉和帝即位后，蔡伦升任中常侍。蔡伦为官尽忠职守，多次不惜触犯皇帝的威严，进谏指出朝廷施政的得失。后来，蔡伦担任尚方令，监督宫廷物品的制作。蔡伦总结人们的造纸经验，革新造纸工艺，改进了造纸术。105年，蔡伦把改进造纸术的成果报告朝廷，汉和帝对蔡伦的才能非常赞赏，下令把改进的造纸技术向全国推广。114年，蔡伦被封为龙亭侯。后来，人们把纸称为"蔡侯纸"。121年，蔡伦卷入宫廷斗争。汉安帝亲政后，要蔡伦到廷尉那里去自首。蔡伦为了避免受辱，洗浴全身，换上整洁的衣冠，服毒自尽。

 精彩故事

精益求精的蔡伦

蔡伦少年时饱读诗书，爱写文章，深知缺纸的困难。他看到许多孩子因为贫穷，没钱买昂贵的帛书习字读书，只能同他们的父母一样，种地、放牛，而一些富贵人家的子弟有钱买帛学习，却不珍惜，把好好的帛都白白糟蹋了。年少的蔡伦认为这很不公平，觉得穷人也应该买得起帛，也能读书写字、做官。

入宫后，蔡伦念念不忘此事，总想发明一种便宜的东西代替帛，方便众多百姓。在负责主持各种皇室用品的制造时，他经常和工匠一起工作，了解工匠们精湛的技艺和创造精神。这些经历，为蔡伦发明造纸术奠定了基础。

当时，人们大都穿麻布衣服，制衣前先要沤麻，像用茧做丝绵要经过漂絮一样，最后在篾席上残留一层麻质的薄膜。蔡伦由此想到，如果仿照沤麻的办法来造纸，造纸的材料不就可以取自种植方便、价格低廉的麻了吗？

蔡伦和能工巧匠们商量，经过无数次试验，创造了用麻造纸的程序：一分离，二捶捣，三交织，四干燥。在漂麻造纸的基础上，他进一步改革了造纸方法，把树皮、麻头、破布、废渔网等东西铡碎捣烂成浆状物，然后把浆状物薄薄地平摊在细帘子上，滤去水分。干燥后，留在细帘子上的纤维薄片成为植物纤维纸。

105年，蔡伦用新造纸法造出的纸写成奏折奏报朝廷。汉和帝看后赞赏不已，立即通令全国各地采用。

就这样，蔡伦的造纸方法很快传遍全国各地。汉和帝封他为龙亭侯，百姓把他发明的纸叫作"蔡侯纸"。

有了丰富的材料来源和简单容易的制造方法，造纸生产得到迅速发展。纸张的大量生产，使得不只是皇家贵族才有纸可用，平民百姓也可以用纸来写信记账，大大促进了社会的发展。

此后，中国的造纸术传到埃及、西班牙、法国、意大利、德国、英国等国，甚至传到了北美洲。造纸术的发明和推广，对世界文化的传播产生了深远的影响。

 **小小思想家**

美国《时代》周刊公布"有史以来的最佳发明家",蔡伦上榜。蔡伦为什么能发明造纸术？他发明的造纸术有哪些工序？需要的原材料是什么？

 二 讲名家故事

蔡伦出身于铁匠世家,他的祖上是打铁的。他大幅改进了钢刀制造工艺,达到极高水准,并长期居于技术的顶峰。

 **小小演说家**

除了造纸,蔡伦还有一项令世人瞩目的成就,那就是改进钢刀制造工艺,铸造出流传后世的"尚方宝剑"。查阅资料,了解蔡伦的其他故事,选择一个印象最深的故事讲给其他同学听。

三 探名家足迹

主要成就	革新造纸工艺	制成"蔡侯纸",被誉为古代四大发明之一
	探索推广皮纸制造工艺	
	改进钢刀制造工艺	提升军队的装备水平

小小探索家

2008年，北京奥运会开幕式上展示了造纸术这项伟大发明，彰显了我国五千年悠久历史与灿烂文化。上网搜索，观看北京奥运会开幕式上关于造纸术的视频，感受蔡伦发明"蔡侯纸"对世界文明进程产生的深远影响。

四 学名家智慧

皎白犹霜雪，方正若布棋。
宣情且记事，宁同鱼网时。
——萧察《咏纸诗》

小小朗读者

著名史学家范晔在《蔡伦造纸》中评价蔡伦："伦有才学，尽心敦慎，数犯严颜，匡弼得失。"意思是蔡伦有才能学问，尽心尽力，诚实谨慎，多次触犯皇帝，陈述得失。

开国少将刘光裕说："蔡伦以其发明，成为改变世界面貌，特别是改变世界文化面貌的伟大发明家。"

美国著名作家麦克·哈特说："今天，纸张成了司空见惯的东西。我们很难想象，如果没有纸，世界将会怎样。"

小小推广人

拿笔画一画造纸术的流程图，制作一份图文并茂的造纸说明书，表达我们对伟大发明家蔡伦的崇敬之情。

"外科圣手"华佗

他被后人称为"外科圣手""外科鼻祖"。他去世之后,再也没人能医治曹操的头疾。

 读名家故事

 名家档案

姓　　名：华佗,字元化
生活年代：东汉末年(约145—208)
籍　　贯：沛国谯县(今安徽亳州)
身　　份：医学家
主要经历：公元145年,华佗出生于沛国谯县一个普通士族家庭。少年时代曾在外游学。华佗钻研医术而不求仕途,一生行医各地,声誉颇著,在医学上有广泛成就,与董奉、张仲景并称"建安三神医"。华佗精通内、外、妇、儿、针灸各科,擅长外科,精于手术,发明了"麻沸散"辅助外科手术,被后人称为"外科圣手""外科鼻祖"。约208年,华佗被曹操杀害,所著医书失传。

 **精彩故事**

麻沸散的来历

华佗四处奔波为人们治病。那时没有麻醉药,每当进行剖腹、截肢等大型手术时,病人痛不欲生,华佗看了很心疼。为了减轻病人的痛苦,华佗想了许多办法,一次次试验,可总是达不到预期的效果。

有一次,华佗为一个患烂肠的病人剖腹开刀。病人得救了,他却累得筋疲力尽。为了缓解疲劳,他让妻子打了一斤酒,炒了两个菜,自斟自饮,谁知竟酩酊大醉,人事不知。妻子吓了一跳,连忙用银针扎穴位,可是华佗仍没有什么反应。过了两个时辰,华佗才醒过来。妻子把华佗醉后的经过讲了一遍,华佗听了非常惊奇!他想,为什么扎针我不知道呢?难道喝醉酒能使人麻醉失去知觉吗?

华佗反复试验,终于得出结论,酒有麻醉神经的作用。可是光用酒不能解决问题。

一天,华佗到乡下行医,碰到一个奇怪的病症:病者牙关紧闭,瞪着眼,口吐白沫,睡在地上不能动弹。病人家属描述:"他平常身体非常好,什么疾病都没有,就是今天误吃了几朵臭麻子花(又名洋金花),就成了这样。"

华佗似乎得到了一些线索,赶紧说:"快找些臭麻子花拿来我看!"华佗接过臭麻子花闻了闻,看了看,摘下一朵花放在嘴里尝了尝,顿时觉得头晕目眩,满嘴发麻。华佗摸清了病人得病的原因,对症下药,很快,病人便恢复了。临走时,华佗什么也没要,就要了一捆连花带果的臭麻子花。

华佗把一捆臭麻子花背到家,高兴地对妻子说:"这回我找到麻醉的药物了。"妻子说:"嘿,我还以为你得了什么宝贝呢,原来是臭麻子花,也不知道你哪一天才能把麻醉药配制出来。"华佗笑了笑说:"世上无难事,就怕有心人。只要我活着,就一定能把麻醉药配制出来。"

从那天起,华佗开始研究臭麻子花。经过多次试验,他发现臭麻子果的麻醉效果最好。华佗走访了很多医生,收集了大量有麻醉效果的药物,经过反复炮制,终于成功研制出麻醉药。他又把麻醉药和热酒一起试用,发现麻醉效果更好。于是,华佗给这种药剂取了个名字——麻沸散。

小小思想家

华佗多次失败，甚至冒着中毒的危险以身试药，他为什么努力地想要研制出一种麻醉剂呢？

二 讲名家故事

你知道"华佗再世""元化重生"是什么意思吗？

小小演说家

华佗在医学上还有很多传奇经历，通过书籍或网络找一找、读一读，选择一个印象最深的故事讲给身边的小伙伴听。

三 探名家足迹

主要成就
- 医学创新 —— 首创全身麻醉法施行外科手术
- 医术高明 —— 养生、方药、针灸、手术等医术一流
- 医疗体育 —— 编排五禽戏
- 医学理论精深 —— 著作《青囊经》（失传）

小小探索家

臭麻子花还有哪些名字？它长什么样子？经过多年的研究，现在的它被运用在哪些领域呢？查阅资料，为它制作一张科普小卡片。

五禽戏是华佗根据中医原理，以模仿虎、鹿、熊、猿、鸟五种动物的动作和神态编创的一套医疗体操。常做五禽戏不仅手脚灵活、血脉通畅，还能防病祛病。查找视频资源跟着学一学，带着家中的长辈练一练。

四 学名家智慧

圣人不治已病，治未病。

小小朗读者

推动体育事业发展是实现中华民族伟大复兴的重要战略之一。千年之前，华佗就非常强调运动的重要性，他说："人体欲得劳动，但不当使极耳，动摇则谷气得消，血脉流通，病不得生。譬如户枢，终不朽也。"

这句话的意思是人的身体应该得到运动，只是不应当疲惫罢了。运动了，养分才能消化，血脉环流通畅，病就不会发生。如同门户的转轴部分，因转动而不会腐朽。

小小推广人

华佗从生活中的酒和臭麻子花得到启发，最终发明了麻沸散。仔细观察身边的植物，选择最感兴趣的植物进行深入研究，查一查它们的名字、习性和作用。

活字印刷术的发明者毕昇

他是中国古代四大发明之一——活字印刷术的发明者，他发明的印刷术被誉为"文明之母"，他就是毕昇。

 读名家故事

名家档案

姓　　名：毕昇
生活年代：北宋（972—1051）
籍　　贯：蕲州蕲水县（今湖北黄冈英山）
身　　份：发明家
主要经历：毕昇是一个从事雕版印刷的工人，精通雕版技术。在印刷实践中，他感受到雕版印刷的艰辛，决定革新印刷方法，提高印刷工效。他大胆尝试，不断总结经验，最终发明了活字印刷术，对中国和世界各国文化交流做出了伟大贡献。毕昇在世时，活字印刷术并未得到推行，但他的事迹被沈括记录在《梦溪笔谈》一书中。

 **精彩故事**

来自"过家家"的灵感

毕昇发明了活字印刷术后,把自己的发明介绍给师弟。

一位师弟说:"《大藏经》5000多卷,雕了13万块木板,一间屋子都装不下,花了多少年心血!如果用师兄的办法,几个月就能完成。师兄是怎么想出这么巧妙的办法的?""是两个儿子教我的。"毕昇说。"你儿子?怎么可能?他们只会'过家家'。""你说对了!就靠这'过家家'。"毕昇笑着说,"清明前,我带着妻儿回乡祭祖。有一天,两个儿子玩过家家,用泥做成了锅、碗、桌、椅、猪、人,随心所欲地排来排去。当时我就想,我何不也来玩过家家,用泥刻成单字印章,不就可以随意排列,排成文章了吗?这难道不是儿子教我的吗?"大家听了,哈哈大笑起来。"但是这'过家家',谁家孩子都玩过,为什么偏偏只有你发明了活字印刷呢?"小师弟问道。

这时,老师父说:"在你们师兄弟中,毕昇最用心,他早就在琢磨提高工效的方法了!冰冻三尺非一日之寒啊。"师兄弟们听了老师父的一番话茅塞顿开。

 **小小思想家**

毕昇是一名普通的印刷工人,却能发明活字印刷术,他的秘诀是什么呢?活字印刷术发明之后,为什么没有立刻推行呢?

二 讲名家故事

毕昇创造发明的胶泥活字、木活字排版,是中国印刷术发展中的一个根本性的改革。

> 活字印刷之前是雕版印刷，这种印刷方法有哪些不便之处呢？

小小演说家

　　活字印刷术是中国古代四大发明之一，为中国文化的发展开辟了广阔的天地，为推动世界文明的发展做出了巨大贡献，被誉为"文明之母"。找一找毕昇的其他故事，向更多的人讲述他的故事。

三 探名家足迹

> 你知道活字印刷术的基本程序吗？

主要成就 —— 发明活字印刷术
- 提高了印刷效率，节省了成本
- 对中国乃至世界的印刷技术产生了深远的影响
- 对文化和知识的传播起到了巨大的推动作用

小小探索家

　　有一天，毕昇在书肆里工作了整整一天，眼看一整块书版就要刻成了，可一不留心，刻坏了一个字。他想到了什么方法补救呢？先想一想，查阅资料，再和小伙伴合作，尝试运用活字印刷术当一回书肆刻工吧。

232

四 学名家智慧

> 欧洲的第一部活字印刷品是古登堡印制的《圣经》，比中国的活字印刷史晚几百年。

🎓 小小朗读者

　　长年累月的工作，毕昇发现雕版印刷最大的缺点是每印一本书就要重新雕一次版，不但耗费时间，而且增加了印刷的成本。如果改用活字版，只需雕制一副活字。活字可以反复使用，可以排印任何书籍。虽然制作活字工程浩大，但以后排印书籍就方便多了。就这样，毕昇发明了活字印刷术。

📢 小小推广人

　　活字印刷术需要在胶泥制成的毛坯一端刻上反体单字，你知道怎样把汉字写成反体吗？试着把自己的姓写成反体汉字，体验一下活字印刷术的奥秘。

"衣被天下"黄道婆

> 她是一名棉纺织家，也是纺织技术改革家，让我们一起认识黄道婆吧！

一 读名家故事

 **名家档案**

姓　　名：黄道婆，又名黄婆、黄母
生活年代：宋末元初（约1245—1330）
籍　　贯：松江府乌泥泾（今上海）
身　　份：棉纺织家、纺织技术改革家
主要经历：黄道婆年幼时为童养媳，因不堪虐待流落崖州（海南省三亚市崖州区），在那里生活了40年左右。她向黎族妇女学习并改进了棉纺织工艺，总结出"错纱、配色、综线、挈花"的织造技术。1295年，黄道婆返回故乡，帮助乡亲改进纺织工具，制造擀、弹、纺、织等专用机具，织成各种花纹的棉织品。黄道婆对促进长江流域棉纺织业和棉花种植业迅速发展起到了重要作用，后人誉之为"衣被天下"的女纺织技术家。

 **精彩故事**

纺织之路

黄道婆幼年做童养媳，婆婆常常扯她的耳朵，揪她的头发，强迫她做农活。冬天不给棉衣穿，手指冻疮烂得像蜂窝。婆婆甚至还想把她卖掉，邻居三婶听到这个消息偷偷告诉她，让她想想别的出路。一天，她趁着婆婆外出，逃到了黄浦江边，一艘客船把她载到了江对岸。天黑后，她听到道院的钟声便走了过去，好心的师太收留了她。此后，大家都叫她黄道姑。

一天，道院里来了一位从海南崖岛来探亲的师姨。黄道姑听师姨谈论海南风光，听说那里盛产棉花、棉布，就很想去看看那里的人们是怎样种棉织布的，同时又能躲避婆婆的追寻。于是，黄道婆向师姨表明心迹，跟随师姨来到崖州。

在崖州，黄道婆很快就和当地的黎家姐妹结下了深厚的友情，她们一起种棉、摘棉、轧棉、纺纱、染色、织布。她在崖州一住就是几十年，从一个小姑娘变成了老婆婆。一年春天，天空中结队北飞的大雁勾起了她的思乡之情，她决定告别黎家姐妹，回故乡去。

黄道婆回到乌泥泾，找到了以前的邻居三婶，和她商量改进轧棉纺纱的技术。三婶的丈夫是个木匠，黄道婆请他帮忙改造轧棉车。她画出图样，木匠按图加工。三天后，一部木制手摇轧棉车做好了。两人用手摇轧棉车轧棉，极大地提高了纺织功效。黄道婆又想办法，把原来一尺来长的弹棉花的竹弓，改成四尺多长的木制绳弦大弓。她又大胆设想，把一只锭子的手摇纺纱车，改成三只锭子的脚踏纺纱车。后来经过多次试验，又从三锭加到五锭。工具改进后，黄道婆继续探索织布技术，织出了"错纱""配色""提花"等五光十色的棉布和"乌泥泾被"。

黄道婆的技术传遍了松江一带。人们到处传唱她的功德："黄婆婆，黄婆婆！教我纱，教我布，两只筒子两匹布。"

小小思想家

江南地区原本没有纺纱机，黄道婆对黎族人民的纺织技术进行改造，成功制造出了"单锭手摇纺纱机"，简称"单锭机"。后来，黄道婆在"单锭机"的基础上，发明制造了"三锭脚踏纺纱机"，简称"三锭机"。

想一想，"单锭机"和"三锭机"有什么区别呢？找一找这两种纺纱机的图片，试着在对比中去发现。

二 讲名家故事

她被人们尊称为"织女星""先棉神"。

小小演说家

黄道婆家境贫寒，很小的时候就离开了家乡，过着颠沛流离的生活，遭受了许多磨难。查阅相关书籍，了解黄道婆的童年故事，与其他同学分享。

三 探名家足迹

主要成就
- 传授纺织技艺 —— 毫无保留地把织造技术传给他人
- 革新棉纺织工具 —— 极大地提高了生产效率
- 推广棉花种植 —— 对江南经济繁荣产生深远影响

小小探索家

你知道棉花是怎样变成漂亮衣服的吗？

我国的海南岛是棉花的重要原产地。而古代的汉族地区，至少在元朝以前，极少有种植棉花的记载。查阅资料，看看棉花是怎样种植的？又是怎样织染成布的？相信你一定会大开眼界！

清乾隆三十年（1765），直隶总督方观承主持绘制了棉花种植、管理、纺织、织染成布的全过程，这就是著名的《御制棉花图》。通过网络或书籍欣赏《御制棉花图》，动手画一幅属于自己的棉花图。

四 学名家智慧

小小朗读者

黄道婆去世后，人们感念她的恩德，用各种方式纪念她。黄道婆墓在上海市徐汇区华泾镇东湾村，于1957年重新修建并立有石碑。据文献资料记载，松江人民曾于1336年为黄道婆立祠。后因战乱，祠堂被毁。清嘉庆年间，上海城内渡鹤楼西北小巷，立有黄道婆的小庙。今天，在上海豫园内，有一座清咸丰年间作为布业公所的跂织亭，里面供奉黄道婆为始祖。

小小推广人

在西方"洋布"大量涌入之前，我国的百姓，特别是汉族地区的百姓，一直采用黄道婆发明和改进的机械生产棉纺织品。请你试着用棉布和棉花做一个卡通小抱枕吧。

"制碱大王"侯德榜

小小碱粉为他赢得喝彩,小小碱粉让世界仰视中国。这位一生与"碱"相伴,被称为"国宝"的伟大科学家,你知道他是谁吗?

一 读名家故事

名家档案

姓　　名：侯德榜,名启荣,字致本
生活年代：现当代(1890—1974)
籍　　贯：福建闽侯
身　　份：科学家、化学家、侯氏制碱法创始人
主要经历：1913年,侯德榜从清华学堂(清华大学前身)毕业后,被选为首批赴美留学生,保送麻省理工学院学习,后就读哥伦比亚大学化学工程系,1921年获博士学位。同年,侯德榜回到祖国,担任永利碱厂工程师。1926年,侯德榜解决一系列技术难题,成功生产出优质纯碱。1934年,侯德榜全面主持南京永利硫酸铔厂的建设,仅用30个月就建成了中国第一座大型化工联合企业,为我国化学工业的发展奠定了坚实的基础。1939年,侯德榜率队赴德国考察,准备购买德国新研发的制碱专利。在对方提出辱国的条件下,侯德榜中止谈判,决意依靠自己的力量研究新法制碱。他带领技术人员艰难攻关,终于在1943年研究出新的制碱方法,被称为"侯氏制碱法",又称联合制碱法。中华人民共和国成立后,他先后担任中央财经委员会委员、重工业部技术顾问、中华全国自然科学联合会副主席,领导、参与了化工行业多项重大科技活动。

 **精彩故事**

> 侯德榜在清华学堂学习的时候,被同学称为"学神"。

心中有书,处处皆书房

小时候家里贫困,家中缺乏劳力,侯德榜不得不在课余时间下地干活,过着半耕半读的学习生活。即使这样,他依然书不离手,劳动之余刻苦读书。在水车上双脚不停地车水,他手里也拿着一本书,留下了"挂车攻读"的典故。有一次,侯德榜到姑妈家玩,姑妈让他去阁楼取东西,可他去了很久都没回来。姑妈上楼一看,侯德榜正聚精会神地看书呢。原来,他在阁楼上发现了一箱书,就迫不及待翻开来看,竟把姑妈交代的事给忘了。

侯德榜生活十分俭朴。他的计算尺从学生时代开始使用,一直用到1943年才更换。他的收音机用了几十年也舍不得丢,电子管老化了,更换一个继续使用。侯德榜不喝酒、不抽烟、不用茶、不打牌、不看戏,只喜欢阅读书刊和思考问题。

一天中午,侯德榜去吃饭,脑中思考着问题。他拿着盛菜用的小碟去盛饭,可是米饭怎么也盛不下,他这才发现自己拿错了餐具。这些故事,被大家传为佳话。

 小小思想家

侯德榜发明的"侯氏制碱法"闻名中外,他本可以高价出售制碱专利大发其财,但他著书立说,将自己的制碱方法公之于世,让世界人民共享这一科技成果。你赞成他的做法吗?如果你有一项重大发明,你会像侯德榜一样,把你的发明公之于世吗?

> 中国邮政曾发行邮票纪念侯德榜先生。

二 讲名家故事

他就像一块坚硬的基石,托起了中国现代化学工业的大厦。

小小演说家

侯德榜一生成就斐然,备受敬重。他的"侯氏制碱法",诞生于国难深重、全民抗战的时刻,对祖国和世界制碱技术的发展做出了重大贡献。查阅资料,了解更多侯德榜的故事,选择一个印象最深的故事讲给其他同学听。

三 探名家足迹

1926年,"红三角"牌纯碱在美国费城举办的万国博览会上荣获金质奖章。

主要成就
- 1926年 —— 研制出"红三角"牌优质纯碱
- 1933年 —— 英文专著《纯碱制造》在纽约出版
- 1943年 —— 研究出"侯式制碱法",又称联合制碱法
- 1957年 —— 研究出碳化法氮肥生产新流程

小小探索家

纯碱学名碳酸钠,又称苏打、碱灰,生活中常称"碱"。纯碱是化学工业生产中一种非常重要的化工原料,在玻璃、肥料、纺织等工业中有着广泛的应用。查一查相关资料,了解"碱"还有哪些用途。

四 学名家智慧

小小朗读者

侯德榜曾说"勤能补拙,勤俭立业",这是他一生工作和生活的写照。他深信"处处留意皆学问",强调在实践中学习。他倡导"寓创于学",意思是认真学习,又不盲从照搬,要在融会贯通的基础上,结合具体情况改进、创新。他坚持真理,严谨认真,遇到疑难问题,总爱说"Down to root(追到底)",直到问题被彻底弄清解决。

小小推广人

直至今天,"侯氏制碱法"仍然是世界制碱领域非常先进的制碱技术。查阅资料,制作一份"侯氏制碱法"宣传海报,向大家介绍这项享誉世界的发明成果。

> 在网上搜索"侯氏制碱法"的步骤,了解其创新之处。

"人民科学家"吴文俊

有一位数学从零分起步的数学家,被称为"人民科学家",他一生专注于科学研究,你知道他是谁吗?

一 读名家故事

名家档案

姓　　名:吴文俊
生活年代:现当代(1919—2017)
籍　　贯:浙江嘉兴
身　　份:数学家
主要经历:吴文俊毕业于交通大学数学系,1949年,获法国斯特拉斯堡大学博士学位;1951年,任北京大学数学系教授;1952年,任中国科学院数学研究所研究员;1957年,当选为中国科学院学部委员(院士);1991年,当选为第三世界科学院院士;1998年,转入中国科学院数学与系统科学研究院;2001年2月,获国家最高科学技术奖。2019年9月17日,吴文俊被授予"人民科学家"国家荣誉称号。

 **精彩故事**

从零分起步的数学家

1932年深夜，上海。

13岁的少年吴文俊正挑灯夜读，学习数理。不久前的考试，他的数学得了0分，这让吴文俊感到十分丢脸。但这个令人尴尬的成绩，不能完全怪吴文俊。

吴文俊出生于书香门第，父亲毕业于南洋公学（交通大学的前身）。1932年，日军悍然挑起"一·二八"事变，淞沪抗战爆发，吴文俊被送回浙江嘉兴老家躲避战乱。时隔大半年，吴文俊回到上海继续读书，却因落下的功课太多，受了当头一棒。

吴文俊知耻而后勇，挑灯夜读，成绩很快迎头赶上。到了高中，他逐渐对数学、物理产生兴趣，特别是几何与力学。后来，吴文俊报考交通大学数学系，走上了数学研究之路。

小小思想家

吴文俊为什么能从数学零分成长为一位著名数学家？从他的故事中，我们学到了做人和做学问的哪些智慧呢？

二 讲名家故事

吴文俊获得了国家勋章和国家荣誉称号，入选"最美奋斗者"！他是为伟大祖国献身、为幸福生活奋斗的杰出代表。

小小演说家

在庆祝中华人民共和国成立70周年之际，吴文俊被授予"人民科学家"国家荣誉称号。中国科学院数学与系统科学研究院这样介绍吴文俊：他对数学的核心领域拓扑学做出重大贡献，开创了数学机械化新领域，对国际数学与人工智能研究影响深远。他用算法的观点对中国古算做了分析，同时提出用计算机自动证明几何定理的有效方法，在国际上被称为"吴方法"。

科技是国之利器。吴文俊一生潜心科学研究，勇于创新，为我国科学发展做出了突出贡献。查一查吴文俊的其他精彩故事，选择一个最喜欢的故事与小伙伴分享。

三 探名家足迹

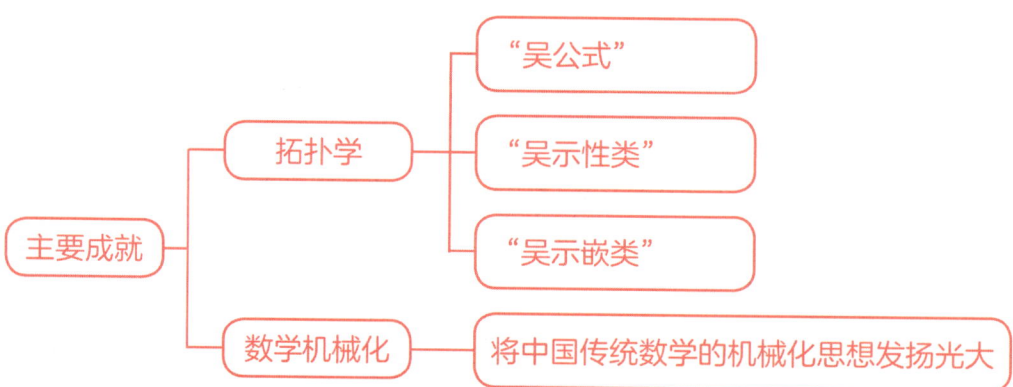

小小探索家

吴文俊在拓扑学、自动推理、机器证明、代数几何、中国数学史、对策论等研究领域均作出了杰出贡献，在国内外享有盛誉。2010年，经国际天文学联合会小天体命名委员会批准，将国际编号第7683号小行星永久命名为"吴文俊星"。

有机会到天文馆观察"吴文俊星"，感受吴文俊科学探究的精神，分享你的观星感受。

四 学名家智慧

吴文俊是中国数学界的"泰山北斗",是揭示中国数学过去和未来的大师,他在拓扑学、数学机械化、中国数学史三大领域取得了卓著的成就,推动了我国人工智能领域研究的跨越式发展。

小小朗读者

我不是天才,灵感也从来没有访问过我,数学是笨人学的。

一个科学工作者能够长久地保持创新能力是正常的,不保持才是不正常的。

数学的机械化,是一条看不见尽头的漫长道路。

——吴文俊

小小推广人

关于吴文俊的故事,数学家蔡天新教授和画家李亚男合著的《数学家画传·吴文俊》一书中有生动的介绍。从上海民厚里的童年到法兰西的求学岁月,从数学零分的中学生到首届国家最高科学技术奖得主,从拓扑学、中国古代数学到几何定理的机械化证明,这本书讲述了吴文俊传奇的一生,印证了吴文俊的名言——"数学是笨人学的"。

读一读《数学家画传·吴文俊》这本书,把这本书推介给更多的人阅读,写下你的推荐语!

"中国核潜艇之父"黄旭华

> 核潜艇被誉为国之重器，是一个国家海军强大的象征。中国核潜艇的诞生离不开一位伟大的科学家——黄旭华。

一 读名家故事

名家档案

姓　　名：黄旭华
生活年代：现当代（1926—2025）
籍　　贯：广东揭阳
身　　份：舰船设计专家、核动力潜艇研究设计专家
主要经历：1937年，突如其来的"七七事变"让中国陷入战乱之中，黄旭华立志学习工学，提高祖国的国防实力。1949年，黄旭华毕业于国立交通大学船舶制造专业。同年，他加入中国共产党。黄旭华一生从事核潜艇研制工作，从1970年到1981年，中国陆续实现第一艘核潜艇下水、第一艘核动力潜艇交付使用、第一艘弹道导弹核潜艇顺利下水，成为继美、苏、英、法之后世界上第五个拥有核潜艇的国家。黄旭华被任命为第一代核潜艇总设计师。1988年，中国核潜艇水下发射运载火箭试验成功。1994年，黄旭华当选为中国工程院院士。2019年9月29日，获颁"共和国勋章"。2020年1月10日，获国家最高科学技术奖。

精彩故事

甘于奉献的黄旭华

1958年，中国决定研究制造核潜艇，苏联领导人赫鲁晓夫傲慢地说："核潜艇技术复杂，价格昂贵，你们搞不了！"美国当局听说了这件事，嗤之以鼻。毛泽东主席听了汇报，气愤地说："没有援助，我们自己干！核潜艇，一万年也要搞出来！"

黄旭华和他的团队承担起研究核潜艇这个绝密项目，从此，他隐姓埋名，仿佛人间消失，家人不知道他在哪里、在干什么。1970年，中国首艘核潜艇"长征一号"下水，震惊了全世界，中国成为世界上第五个拥有核潜艇的国家。

黄旭华一心扑在核潜艇事业上，长达30年未能回家。直到1986年，核潜艇项目保密期过后，他顺道回家探望母亲。阔别30年，母亲已满头银发。母子再度相聚，竟无语凝噎！一个已耄耋，一个已花甲。抱着苍老的母亲，"不孝子"黄旭华失声痛哭。但他没向母亲解释什么，兄弟姐妹、亲戚朋友纷纷指责他不孝。

1987年，一篇题目为《赫赫而无名的人生》的报告文学在《文汇月刊》杂志刊登，黄旭华将文章寄给了母亲。文章虽然没有写他的名字，却提到了"黄总设计师"，提到了妻子李世英的名字。母亲这才恍然大悟，立即将子女们召集到一起，说了一句话："三哥的事情，你们要谅解！"黄旭华对祖国母亲尽了忠，也终于对生身母亲有了一个交代。

因为祖国的召唤，因为保密的需要，黄旭华以身许国三十载，默默奋斗在科研一线，甘当无名英雄。他曾泪流满面地说："有人问我忠孝不能两全，你怎么理解？我说对国家的忠，就是对父母最大的孝！在核潜艇事业上，我可以牺牲一切！此生属于祖国，此生无怨无悔！"

小小思想家

黄旭华的一生为什么是"无名"的，又是"赫赫"的？他说："对国家的忠，就是对父母最大的孝！"你是怎么理解这句话的呢？

二 讲名家故事

小小演说家

《感动中国》2013年度人物黄旭华的颁奖词是："时代到处是惊涛骇浪，你埋下头，甘心做沉默的砥柱；一穷二白的年代，你挺起胸，成为国家最大的财富。你的人生，正如深海中的潜艇，无声，但有无穷的力量。"

黄旭华为国家和人民做出了哪些贡献？查一查，读一读，选择一个最喜欢的故事与大家分享。

三 探名家足迹

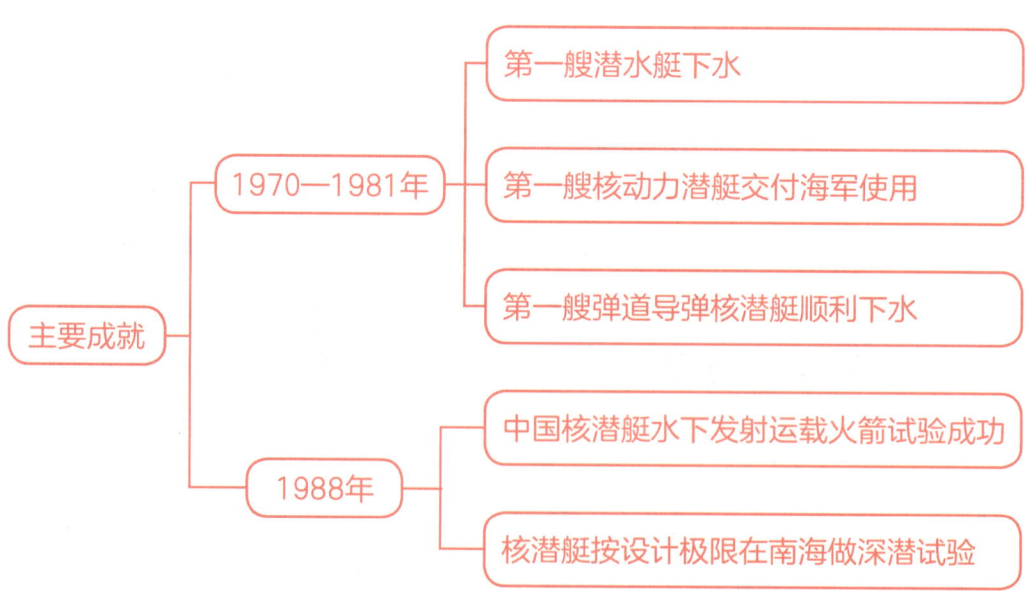

小小探索家

报告文学《赫赫而无名的人生》记录了"核潜艇之父"黄旭华的光辉事迹,你能用思维导图概括他的一生吗?

四 学名家智慧

小小朗读者

> 花甲痴翁,志探龙宫。
> 惊涛骇浪,乐在其中。
> ——黄旭华

黄旭华是中国工程院院士,更是一位出色的发明家。他在《开讲啦》节目中教导莘莘学子:"我们把'自力更生、艰苦奋斗、无私奉献、大力协同'这16个字归纳为核潜艇精神,就是这16个字激励着我们核潜艇阵线广大工作者知难而进、奋勇拼搏。"

"如果你们要问我这一生有何感想,我会自豪地说:'这一生没有虚度。我是中华民族的儿女,此生属于祖国,此生属于事业,此生属于核潜艇,此生无怨无悔!'"

小小推广人

1958年,黄旭华参与研究制造核潜艇。那时候,我们的祖国还是一穷二白,研发核潜艇的难度可想而知。没有核潜艇模型,他找到两个美国导弹核潜艇的儿童玩具,进行拆解,揣测结构原理。请你查找资料,试着制作一个核潜艇模型。

"汉字激光照排系统之父"王选

> 他是当代中国印刷业革命的先行者,被称为"汉字激光照排系统之父",也被誉为"有市场眼光的科学家"。

 读名家故事

姓　　名：王选
生活年代：现当代（1937—2006）
籍　　贯：江苏无锡
身　　份：计算机文字信息处理专家、汉字激光照排技术创始人

主要经历：王选于1954年考入北京大学数学力学系,1958年毕业后留校任教。1975年,王选作为技术总负责人,领导中国计算机汉字激光照排系统和电子出版系统的研制工作,研制成果彻底改变了中国沿用了上百年的铅字印刷历史。1987年获得首届毕昇印刷奖。1978年至1995年,任北京大学计算机研究所所长。1991年,王选当选为中国科学院院士,1994年当选为中国工程院院士。2002年2月1日,获得国家最高科学技术奖。2018年,被授予改革先锋称号;2019年,被评选为"最美奋斗者"。

 **精彩故事**

王选和他的"伙伴们"

王选的童年有许多关于玩的快乐经历。他不仅和同龄的小伙伴成为好朋友,和小动物也能情深意笃地相处。

王选家里有两只猫,一只叫阿咪,一只叫阿黄,它们是一对"母女"。每天放学,王选刚进家门,两只猫就会像听到了发令枪似的争先恐后向他跑来,冲他"喵呜喵呜"地直叫,好像在诉说这一天对他的思念。王选总是连书包都顾不得放下,欢天喜地抱起它们,任它们在怀里尽情撒欢儿。看到两只猫闯了祸时,王选也总是会挺身而出护着它们,说:"它不过是个'孩子',又不是有意这么做的!"

冬天的夜晚,两只猫爱钻到王选的被子里取暖。有时,猫们起夜,赶上屋外飘雪,回来后浑身湿漉漉地往被窝里钻,王选从不忍心把它们赶出去。有一回,阿咪叼着刚生下的猫宝宝往他的被窝里钻。王选欣然接纳,并不嫌弃它们。王选从两只猫的身上悟出一个道理:动物也是有感情的,家人谁给它们的爱多一些,它们就跟谁亲近。

哥哥们养了鸽子,最多的时候有十几只。每天早上,它们白色的身影在阳台外面的天空一圈圈盘旋而过,就像飞翔的梦。其中有两只鸽子,王选非常喜欢。每当他靠近鸽舍,两只鸽子就扑打着双翅飞过来,落在他的头上、肩上,有时落在他的手上,咕咕地跟他说话。

秋天到了,王选爱到草丛里捉蛐蛐。王选的脚经常被乱石草木刮伤,但他乐此不疲。阅读古人关于蛐蛐的论述让王选很受启发,"出于草土者,其身则软;出于砖石者,其体则刚;生于浅草瘠土砖石深坑向阳之地,其性必劣",说的是生长在不同环境中的蛐蛐有不同的特性。王选活学活用,掌握了许多捕捉上好蛐蛐的小窍门。野外四下里都是此起彼伏的虫鸣,要辨别蛐蛐的优劣,就要会听它们的鸣声。上好的蛐蛐,往往鸣叫快捷有力、震动人心。至于那些鸣声尖小、连续不断,或声音虽高听上去却全无节奏的,可以弃之不顾。到了中秋时节,虫鸣声以响亮、刚烈的为好,那些发出宽大而沙哑声音的,往往是日趋衰老之虫。这些捕蛐蛐的方法,王选屡试不爽。哥哥们赞叹:"别看咱家王选人小,'鬼'主意大着呢!他在玩中找出了大门道儿!"

 **小小思想家**

秋天到了，小王选总能捉到很多上好的蛐蛐，他用了什么方法？他是怎样找到这些好办法的呢？

二 讲名家故事

他以自己崇高的人品、卓越的贡献和对中国共产党、对社会主义事业的无限热爱，赢得了广泛的赞誉和爱戴。

——贾庆林

 小小演说家

胸怀伟大的科学梦想，王选穷尽一生，为世界留下了宝贵的物质和精神财富。小时候的王选聪明、淘气，是深受大家喜爱的"孩子王"。王选还有哪些有趣的故事呢？找一找，读一读，选择一个印象最深的故事讲给小伙伴听。

三 探名家足迹

主要成就
- 主持研制的汉字激光照排系统、方正彩色出版系统得到大规模应用
- 致力于研究成果产业化，主持开发的电子出版系统引发报业、印刷业技术革新
- 设立"王选科技创新基金"，鼓励支持科技创新

小小探索家

"他像一本厚重的书,每一次阅读,每一次的感受都不同。"作家白晶这样描述王选。白晶老师查阅大量文献与影视资料,著述《方正人生:王选传》,记录了王选有趣、厚重的一生。和爸爸妈妈一起阅读吧!

四 学名家智慧

王选院士的遗愿表达了他对战胜病魔的信心和意志,寄托着他对国家未来和青年的希望。

小小朗读者

　　这次患病,我将尽我最大努力,像当年攻克科研难关那样,顽强地与疾病斗争,争取恢复到能轻度工作的水平,我还能为国家做一些力所能及的事情。

　　我对方正和计算机研究所的未来充满信心,年轻一代务必"超越王选,走向世界",希望一代代领导能够以身作则,以德、以才服人,团结奋斗,更要爱才如命,提拔比自己更强的人到重要岗位上。

　　我对国家的前途充满信心,到21世纪中叶,中国必将成为世界强国。

——王选

小小推广人

　　科学的创造来自生活的思考与积累。成年后的王选用一项项里程碑式的创举改变了一个庞大的落后行业,改变了整个中华民族的文明进程,这和他小时候的勤于思考有很大的关系。当你的生活、学习遇到问题时,打算用哪些方法解决它们呢?把这些问题和解决的过程记录下来,与大家分享交流。

小小评价员

我能获得（　　）颗星。

1. 小小思想家
☆ 仔细阅读　　☆ 专心思考　　☆ 积极回答

2. 小小演说家
☆ 查阅资料　　☆ 精选故事　　☆ 乐于分享

3. 小小探索家
☆ 广泛探寻　　☆ 合作交流　　☆ 深入研究

4. 小小朗读者
☆ 字正腔圆　　☆ 声情并茂　　☆ 主动积累

5. 小小推广人
☆ 创意想象　　☆ 实践推广　　☆ 传承精神